AF639027

BIBLIOTECA ÁUREA HISPÁNICA

BÁH

Universidad de Navarra | Editorial Iberoamericana / Vervuert

Dirección de Ignacio Arellano,
con la colaboración de Christoph Strosetzki y Marc Vitse

Secretario ejecutivo: Juan Manuel Escudero

Biblioteca Áurea Hispánica, 66

LITERATURA (NOVELA, POESÍA, TEATRO) EN BIBLIOTECAS PARTICULARES DEL SIGLO DE ORO ESPAÑOL (1600-1650)

JOSÉ MARÍA DÍEZ BORQUE

Universidad de Navarra • Iberoamericana • Vervuert • 2010

Agradecemos al Banco Santander la colaboración para la edición de este libro.

Reservados todos los derechos

© Iberoamericana, 2010
Amor de Dios, 1 – E-28014 Madrid
Tel.: +34 91 429 35 22
Fax: +34 91 429 53 97

© Vervuert, 2010
Elisabethenstr. 3-9 – D-60594 Frankfurt am Main
Tel.: +49 69 597 46 17
Fax: +49 69 597 87 43

Iberoamericana Vervuert Publishing Corp., 2010
9040 Bay Hill Blvd. – Orlando, FL 32819, USA
Tel.: +1 407 217 5584
Fax: +1 407 217 5059

info@iberoamericanalibros.com
www.ibero-americana.net

ISBN 978-84-8489-532-9 (Iberoamericana)
ISBN 978-3-86527-584-4 (Vervuert)

Depósito Legal: BI-3169-2010

Cubierta: Carlos Zamora
Impreso en España

Este libro está impreso íntegramente en papel ecológico sin cloro.

Dedico este libro a las bibliotecarias y bibliotecarios del Departamento de Filología Española II; Facultad de Filología; Geografía e Historia de la Universidad Complutense de Madrid; por su constante ayuda, por su profesionalidad y por soportar, pacientemente, mis continuos desvelos bibliográficos. Con mi gratitud y amistad.

Lo dedico, también, a mi querido amigo y excelente colega Ignacio Arellano.

ÍNDICE

1. INTRODUCCIÓN Y EXPLICACIÓN*

El título de este libro incita ya una serie de preguntas para las que me hubiera gustado que pudiera haber respuestas satisfactorias. Aun contando con que la literatura tenía unas peculiaridades de creación y de difusión, frente a otras publicaciones en libro —a ello me refiero más adelante—, se plantean numerosos interrogantes: ¿quiénes y cuántos leían literatura en el Siglo de Oro y qué literatura leían? ¿Cuál era la permanencia de autores, títulos y géneros? ¿Cuáles eran las lecturas predominantes, y las proporciones de la literatura, y de cada uno de los géneros literarios en particular, en el conjunto? ¿Cómo condicionaba la clase social, el sexo, el precio, la censura, el ámbito urbano o rural? Además la poesía, en particular, obliga a plantearse las relaciones, proporciones y funciones de oralidad-manuscrito-impreso, contando no sólo con el libro, sino con el océano de pliegos de cordel y otro tipo de impresos, y de otra forma también los otros géneros. En todo caso, estas preguntas, y muchas más, como diré después, llevan a la obligación de acercarse a la «realidad de verdad», como decía Torres Naharro, para analizar y valorar las coincidencias y diferencias construidas por la historia de la literatura, la memoria literaria del pasado, y la realidad, día a día, de la literatura en su siglo. Se va avanzando en alguno de estos aspectos[1], pero queda mucho camino por recorrer.

* NB.- Este estudio se enmarca en el proyecto I+D: *De la biblioteca particular al canon literario en los siglos de Oro* (FFI 2009-07862) del que soy IP.

Utilizo en este libro mis estudios citados sobre novela, poesía, teatro, literatura, en bibliotecas particulares del Siglo de Oro, con ampliaciones, correcciones, cambios, según los casos literalmente, etc.

[1] No puedo entrar aquí en la rica y extensa bibliografía sobre bibliotecas, porque desborda los límites y alcance de este estudio, pero quiero recordar, aunque sea en mera nómina, los trabajos, en distintos aspectos, de varios investigadores, que se suman a otros que citaré. Desde los de amplio alcance, cuestiones generales, historia,

Mi intención en lo que sigue es mucho más limitada que dar respuesta a tantas interrogaciones, desentendiéndome de aspectos concretos de lectura, siempre terreno conjetural, problemático y resbaladizo, aunque se va progresando en ello[2]

He estudiado 65 inventarios de bibliotecas particulares del Siglo de Oro en el período de 1600 a 1650, de distintas clases sociales y áreas geográficas, partiendo de la información que proporcionan al respecto Chevalier, Lasperas, Dadson, Prieto, Bouza, Manso…[3]. No se me oculta la existencia de miles de inventarios y otros documentos pertinentes sin publicar, y algún otro que no he podido tomar en consideración[4], pero,

función, tipología, organización, escritura-lectura, etc., de Amado, Baratín, Bouza, Cátedra, Chartier, Escolar, Geal, Hernández González, Huarte, López (M), López Vidriero, Martínez Pereira, Millares, Solís…, a los de bibliotecas particulares: Dadson (varias), Entrambasaguas (Ramírez de Prado), Freitas (Marqués de Niza), Manso (conde de Gondomar), Prieto (palacio de Pastrana)…; Barbier, Bouza, Chartier… (realeza, príncipe). Habría que sumar estudios sobre bibliotecas del clero de varios estudiosos: Burgos, Hevia, Vaquerizo; de mujeres: Cátedra, Guillaume-Alonso…; distintas áreas geográficas y ciudades: García Cárcel (Cataluña); Prieto (Madrid); Rojo (Valladolid); Sanz (Sevilla); Weruaga (Salamanca); etc. No he podido ver *Le biblioteche private come paradigma bibliográfico*, 2008.

[2] Varios de los estudios citados en nota anterior, al tratar de las bibliotecas, se ocupan, también, de la lectura y su variada problemática. Como queda dicho, no entro aquí en estas cuestiones, pero no quiero dejar de citar, de nuevo en mera nómina, a varios investigadores que han hecho aportaciones en este campo, y a cuyos estudios puede acudir el lector interesado. Sumaré a los ya citados: Baranda, Bödeker, Capello, Carvallo, Castillo, Cayuela, Cerdá, Courcelles-Val Julián, Darnton, Frenk, Geal, Goulemot, Herpel, Ife, Jauralde, Le Flem, López F., Luengo, Manguel, Peña, Petrucci, Prieto, Rojo, Rey, Salavert, Sanz Hermida, Simón, Texton… Por otra parte, de gran interés son algunos colectivos como *Livre et lecture en Espagne et en France sous l'Ancien Régime. Colloque de la Casa de Velázquez*, 1981; *De l'alphabétization aux circuits du livre en Espagne, XVIe et XVIIe siècles*, 1987; y los números monográficos de *Bulletin Hispanique*: *La culture des Elites Espagnoles à l'Epoque Moderne*, 1995; *Les livres des espagnols à l'Epoque Moderne*, 1997; *Lisantes et lecteurs en Espagne XVe-XIXe siècle*, 1998.

[3] Chevalier, 1976; Laspéras, 1980; Dadson, 1998; Infantes, López y Botrel (eds.), 2003; Delgado, 2003; Prieto, 2004; Bouza, 2005; Manso Porto, 1996. No he podido tener en cuenta algunos estudios que he conocido después de mis investigaciones (Dadson, Weruaga, Martín Velasco, Montero, Delgado-Ruiz Pérez, Lucía Megías, Baker, etc.).

[4] Lorenzo Pinar y Ferrero Ferrero, 2004, pp. 45-62: «más de 9500 inventarios *postmortem* y de segundas nupcias, almonedas, hijuelas, legítimas y partijas» (p. 45). Me consta la existencia de estudios en proceso sobre varias bibliotecas, como, por ejem-

evidentemente, esto resulta inabarcable aquí, y para mis intenciones y propósitos ahora estimo suficiente la amplia muestra analizada. Quiero subrayar la presencia de distintas clases sociales, lo que da valor a la muestra. Se toman en consideración bibliotecas de la nobleza (de aquí en adelante estos números remiten a 8. *Relación de inventarios*): 1; 9; 16; 21; 24; 32; 33; 35; 36; 42; 44; 48; 51; 55; 56; 57; 58; 61; 62); de cargos y autoridades (2; 8; 12; 23; 27; 29; 37; 43; 49; 50; 53; 54); gentes de hábitos (10; 18; 19; 22; 25; 26; 28; 40; 52; 59); profesiones liberales (7; 11; 13; 20; 31; 39; 45; 63) y «clases trabajadoras» (3; 4; 5; 6; 14; 15; 17; 34; 38; 41; 46; 47; 64), (no se ha podido identificar la clase social de las bibliotecas 30; 60; 65). Estudio la presencia de literatura en las bibliotecas que tomo en consideración, desde distintos aspectos. Interesa conocer la proporción de libros de literatura con respecto al número total de los existentes en la biblioteca (aunque esta cuantificación plantea algunos problemas, como se verá después) y dentro de ella me parece también pertinente distinguir, a la luz de lo que hay, entre literatura española y literatura extranjera, que muestra unos importantes patrones de coherencia, y son datos importantes para reconstruir las estimativas del siglo. En el caso de la novela (prosa de ficción), por las particulares circunstancias que comento en su lugar, distingo entre novela española y extranjera. En poesía cuando el original es en prosa, no cuento porque no sabemos si es traducción.

Los datos y valoraciones en cada uno de los géneros literarios permiten, también, útiles comparaciones entre ellos.

De especial importancia me parece analizar el significado de las presencias (y ausencias) de escritores en las bibliotecas estudiadas, lo que puede proporcionar datos para acercarse a la realidad del siglo y dar algunas respuestas a las preguntas formuladas más arriba, que, en realidad, responden a obligaciones ineludibles de la historia de la literatura en el complejo camino que va del ayer al hoy. Diré ya que, aparte de distintos patrones valorativos que pueden sorprender con respecto al canon de excelencia construido hoy, hay numerosos autores que no han dejado rastro en la memoria literaria, pero que estaban presentes en las bibliotecas del Siglo de Oro.

plo, la del conde duque de Olivares y otros. Me atengo a lo que se indica en nota 3. No he podido tener en cuenta algunos estudios que he conocido después de mis investigaciones (Dadson, Weruaga, Martín Velasco, Montero, Delgado-Ruiz Pérez, Lucía Megías, Baker, etc.).

Soy consciente del cierto enojo que pueden producir los datos numéricos, pero son necesarios, y no se me oculta que tanta operación aritmética haya podido llevar a algún error, que el lector podrá perdonar y subsanar.

No puedo dejar de decir, y no es problema menor, que he debido de manejar la referencia de miles de libros (registros), por lo cual, a pesar de repetidas comprobaciones, ha podido «escaparse» algún autor y obra, por lo que, aunque altere mínimamente las proporciones, pido disculpas anticipadas. Por otra parte, las variadas formas de incorporar obras y autores a los inventarios (véase apartado siguiente) y las menciones, en numerosos casos, de autores y obras que no han dejado rastro en las fuentes de consulta al uso dificultan, enormemente, la consideración de obra literaria o no. Pero esto es lo que hay, y me refiero a ello, particularmente, en la «Relación de Inventarios», señalando ya que no puede haber en los datos numéricos una exhaustividad.

No se me oculta que la presencia de libros de poesía en las bibliotecas es sólo una parte de la comunicación poética en el siglo XVII. No puede olvidarse la compleja vida de la poesía en el Siglo de Oro, como estudió Rodríguez Moñino, con diferencias entre la realidad poética y su reconstrucción hoy[5], y el peso de la oralidad en su multitud de formas de romances, canciones tradicionales, etc. Pero está, además, la poesía en la calle de la fiesta y la celebración y de la protesta en pasquines en verso, que nos lleva a los terrenos de la poesía visual[6]. Además, las academias, el manuscrito ocasional, el teatro en verso, el océano de los pliegos de cordel… Pero sobre todo está también el océano de los cancioneros poéticos manuscritos, de la poesía no publicada, para la que son imprescindibles las investigaciones de Jauralde Pou y su equipo de investigación[7]. Todo esto enmarca en cuanto a su alcance el significado

[5] Rodríguez Moñino, 1965. Jauralde Pou, 1982. No entro aquí en los problemas de la oralidad y la importante bibliografía sobre ella.

[6] En varios estudios me he ocupado de ello y de la bibliografía pertinente. Baste citar Díez Borque, 1993 y 1995, pp. 365-383. También Díez Borque (dir.), 1995, con estudios de Díez Borque, Cid, Frenk, García de Enterría, Schwartz, Simón, López Estrada, López Baralt, Sabat.

[7] Ha de verse *Catálogo de manuscritos de la Biblioteca Nacional*, con poesía en castellano de los siglos XVI y XVII, dir. Jauralde Pou (1998). Hay que tener presentes los trabajos en curso en este sentido y *Poesía manuscrita. Manual de investigadores*, dir. Jauralde Pou, 2003.

de la presencia de libros de poesía en las bibliotecas particulares del siglo XVII. Y hay que tener presentes los problemas de las propias fuentes de información, que vamos a ver a continuación, además de que he debido limitarme a lo que hay en los inventarios estudiados (*vid.* notas 3 y 4), sin poder atender a otras bibliotecas que están siendo estudiadas, como, por ejemplo, la del conde duque de Olivares y otras.

El teatro también tiene sus peculiaridades en cuanto a publicación y difusión. Hay que tener presente su condición también de «cultura oral y visual». Se crea para las tablas, que es donde tiene su vida propia. Como escribía gráficamente Juan de Zabaleta: «Porque las comedias ni se oyen sin ojos ni se ven sin oídos». Por otra parte, conocidos son los problemas de edición de los textos teatrales, con las complejas cuestiones de rigor, fidelidad, autoría, de que se quejaban los propios dramaturgos, aparte del océano de sueltas y el difícil camino que va del texto del poeta a la versión de los «autores de comedias», que hacen vivir día a día el teatro en los escenarios. Naturalmente, no hay lugar en este libro para internarse en tan denso boscaje. Pero quería dejar constancia de ello.

La prosa de ficción plantea otros problemas. Aun teniendo constancia, también, de las posibilidades de difusión oral (bastaría sólo recordar las alusiones del *Quijote*) y contando con el complejo mundo de los cuentos, el libro adquiere, creo, un papel fundamental, pero no dejan de aparecer otras cuestiones, que se refieren a delimitación genérica, mezcla de prosa y verso, hibridación, etc.

Siguiendo el consejo de Antonio Machado me ceñiré a lo que hay, en las páginas siguientes, en lugar de seguir incrementando la nómina de ausencias, aunque no deje de ser consciente de ellas.

Creo que primero hay que plantear las características de las fuentes de información y sus problemas, pues, como podrá comprobar el lector, el mundo de los inventarios de bibliotecas, que aquí se utilizan, es complejo ya desde su variada tipología y elevado número, planteando diversas cuestiones, a veces irresolubles, que afectan al número de libros, identificación, ausencias, rigor, clasificación. Pero con estos mimbres hay que hacer el cesto, como dije.

Como lo que interesa aquí es la presencia de la literatura —prosa, poesía y teatro— en las bibliotecas, es oportuno plantear los problemas de definición e identificación de lo literario, lo que en no pocas ocasiones plantea dificultades. Para valorar el significado y alcance de la presencia de la literatura en las bibliotecas estudiadas es necesario hacer referencia a la composición de las bibliotecas en cuanto a estructura, número y tipo de libros, clase social, características, etc., pero no se hace aquí de forma exhaustiva y sistemática, sino sintomática y referencial, pues ello no es objeto directo de este estudio, ya que otros serían los planteamientos. Lo que interesa, realmente, es valorar, de modo general, el tipo de libros que hay en las bibliotecas «sin literatura» y el tipo de libros que rodean a los literarios en las que sí hay literatura, tomando en cuenta las proporciones para valorar el peso de la literatura en dichas bibliotecas, aunque todo con sus limitaciones y problemas de los datos numéricos y cuantificación a que me referiré después.

Llegamos así al estudio de la presencia de poesía, prosa de ficción y teatro en las bibliotecas, con unos planteamientos básicos comunes, pero con particularidades en cada uno de ellos. Se estudia en el caso de la poesía las bibliotecas que no la tienen en sus fondos y las que sí, valorando las proporciones y su significado, pero ello para construir el canon, es decir, el orden de importancia de los poetas en el conjunto de las bibliotecas, con todo lo que ello significa para elaborar el patrón valorativo del siglo y su relación con el construido por la historia de la literatura. Lo mismo se hace con prosa de ficción y teatro. Pero en el caso de la poesía no hay que olvidar, como decía, las peculiaridades de su difusión, como refiero en su lugar. En el caso de la prosa de ficción, con todos los problemas que ello conlleva, se atiende, primero, a los libros de caballerías y géneros afines, después, a la picaresca y pastoril y, finalmente, se toman en consideración otros géneros narrativos, como la novela cortesana, de aventuras y otras de difícil clasificación, también el cuento y novela extranjera. En cuanto al teatro, hay que tener presente la vida del texto en las tablas, la forma de editar teatro y otras particularidades, como se dice en su lugar.

Rodríguez Moñino señala dos vías de acceso a la «cultura literaria»: individual (lectura), colectiva (oral):

> La adquisición de cultura literaria contemporánea en los siglos de oro se realizaba por dos vías de penetración. Una individual: la lectura; otra, colectiva.
>
> *a)* Vía colectiva. El sermón y la obra de teatro congregaban masas de auditorio que gozaban del espectáculo, se empapaban de lo que oían, discutían acaloradamente sus preferencias y hacían objeto de sátiras y loas lo mismo a un predicador de reverendas campanillas que a un ingenio lego que llevase a las tablas la representación de una fábula original.
>
> [...]
>
> *b)* Vía individual: la lectura. El lector de los siglos de oro tropezaba con dificultades. No existiendo entonces los medios expansivos que hemos in-

dicado —periódico, revista, radio, televisión— quedaba reducida su fuente al libro, impreso o manuscrito[8].

Pero, de acuerdo con la realidad de la época, hay que matizar los conceptos de leer, lectura, lector, como hace Frenk:

> «Escuchar y leer»: el binomio apunta a la simultaneidad y a la *frecuente* identificación de los dos fenómenos. Debemos tener cuidado en no dar una interpretación anacrónicamente unívoca a los términos *leer, lectura, lector* en textos antiguos.
>
> [...]
>
> Doctos e indoctos escuchaban también la lectura de extensas novelas. Para los libros de caballerías hay pruebas contundentes: aquella frase del letrado Arce de Otalora (hacia 1560): «En Sevilla dicen que hay oficiales que en las fiestas y las tardes llevan un libro de esos y le leen en las Gradas»[9].

Todo esto nos lleva al peso de la oralidad (ver cap. 3). Como decía, es pertinente para todos los géneros considerados aquí (poesía, prosa de ficción y teatro), y es fundamental tenerlo en cuenta para delimitar el significado y alcance del libro en las bibliotecas estudiadas. Aunque lo trataré, específicamente, en los capítulos dedicados a cada uno de los géneros, retendré dos citas pertinentes que señalan el limitado acceso al libro por diversas razones (económicas, analfabetismo, falta de costumbre), y el decisivo peso de la cultura oral. Escribe Chevalier:

> En el estado actual de nuestros conocimientos, parece razonable afirmar que la casi totalidad de los aldeanos y del proletariado urbano por una parte, importante fracción de los artesanos por otra, quedan al margen de la civilización de la escritura. Estos hombres no alcanzan el nivel cultural de la lectura corriente y de la práctica del libro. Su cultura —pues no carecen de ella— es cultura fundamentalmente oral, a base de refranes, de cuentos tradicionales, de romances y canciones. No entran en el circuito del libro, no forman un público para los libreros, ni siquiera para los buhoneros.[10]

Y subraya, en la misma línea, Bennassar:

[8] Rodríguez Moñino, 1965, pp. 18-19.

[9] Frenk, 1992, pp. 50-51.

[10] Chevalier, 1976, pp. 14-15.

> La cultura de la masa de la población era una cultura oral y visual. Desde hace algunos años, numerosos autores se han interesado profundamente en esta *cuestión*, sobre la que yo mismo he trabajado y propondré en este capítulo un balance provisional de las más recientes investigaciones realizadas a este respecto. En todo caso, ninguno niega que la cultura escrita era un hecho minoritario: probablemente las tres cuartas partes o las cuatro quintas partes de la población española no sabían leer, aunque es indudable que las proporciones variaban considerablemente según las regiones, según el modo de vida urbano o rural, según la condición social y la actividad profesional, también, por último, según el sexo. Volveremos sobre ello. Para la gran mayoría de españoles, la cultura consistía en el resultado de adquisiciones realizadas lentamente a través de la tradición oral, en el seno del medio familiar, parroquial y profesional, desempeñando sin duda la vida religiosa un papel eminente[11].

No pueden desatenderse, por otra parte, otras limitaciones de acceso a la cultura libresca, como son el control y la censura.

A ninguno de los géneros fue ajeno el control y la censura, que distorsiona la comunicación literaria, afectando a la creación y recepción con importantes limitaciones ideológicas. Sobre el papel de la Inquisición escribe Márquez:

> Que la Inquisición ha intervenido en el desarrollo de la Literatura española es evidente. Bastaría para probarlo citar uno de los mecanismos de control *típicamente* literario e inquisitorial: el índice. La pregunta, entonces, no es o no debe ser, de ahora en adelante, de «cuál haya sido el influjo de la Inquisición en la decadencia de la Literatura española», sino: cuál ha sido la relación entre un aparato de control ideológico, como es la Inquisición española, y un género de producción igualmente vinculado a las distintas ideologías de la España moderna[12].

Wilson plantea también los efectos del control sobre la escritura:

> No se puede calcular cuántas obras han sido falseadas por el hecho de que fueron, tal vez, censuradas hasta el punto de modificar las intenciones artísticas del *autor*, ni cuántas dejaron de ser escritas por razones similares. Algunos hechos quedan ya, así lo espero, comprobados: la censura pudo ser absurdamente mezquina[13].

[11] Bennassar, 1983, pp. 271-272.
[12] Márquez, 1980, p. 37.
[13] Wilson, 1977, p. 271.

Aun con todas las cautelas apuntadas hasta aquí y la variedad de formas de comunicación literaria, junto al libro, hay un hecho cierto y contundente —con todas las limitaciones que se quiera—, y es que el libro se ha convertido ya en el período estudiado en producto comercial, sometido, en consecuencia, a las leyes del mercado y al gusto del receptor, lo que, a la postre, justifica y da razón de ser al estudio que aquí se ofrece. Escribe Jaime Moll sobre la condición comercial del libro:

> Si el libro, por su continente, es un producto manufacturado, su producción tiene un coste o se exige una inversión, que en la mayoría de los casos se procurará recuperar y además se intentará la obtención de beneficios. Estamos ante la figura del editor, como es llamado modernamente, aunque hasta avanzado el siglo XIX no existe esta realidad independiente y especializada de la actualidad. En esta época, el editor es habitualmente un librero, de mayor o menor importancia, que aborda la actividad editorial de una manera continuada o esporádica como ampliación beneficiosa de su negocio de librería.
>
> Si el librero-editor domina la industria editorial, no es el único camino para la financiación de la edición de una obra, aunque sea el más normal. Un autor puede costear la edición de su propia obra. También lo puede hacer una institución, oficial o privada, o una orden religiosa. El *problema*, en este caso, es el de la distribución en el mundo librero, para poder llegar al comprador-lector[14].

El libro se inscribe así en los márgenes de la oferta y la demanda, es decir, del mercado, lo que afectó al arte de creación:

> Más que de textos literarios debemos hablar en esta diacronía, y de una manera gradual, de lecturas literarias de los textos. Con ellas la *funcionalidad* y el peso del gusto determinan el protagonismo creciente del lector y su inserción, como consumidor, y la del libro, como objeto, en los mecanismos del mercado, en los que todos los niveles de la producción (desde el escritor al librero, pasando por el tipógrafo) se ordenan a este objetivo. La creación individual del texto responde y se adapta a las nuevas demandas y los nuevos soportes, de forma que podemos ver en éstos más que en aquélla los motores de la lectura literaria, además de los componentes en que resulta más fácil apreciar los rasgos de la innovación[15].

[14] Moll, 2003, p. 77.
[15] Ruiz, 2003, p. 203.

Aparece el gusto como criterio determinante en el arte de la creación literaria. Escribe Krömer:

> ¿A qué aspiraciones del público respondía Cervantes? Los autores de entonces no escribían para clases determinadas, sino que se adaptaban más bien a un gusto concreto, que podía muy bien ser aristocrático, grosero, sofisticado o burdo (y entonces, como ahora, los representantes de una clase social podían distinguirse por su gusto, y una persona podía ser sensible a más de una corriente de moda). Las novelas de aventuras y de pastores, con su mundo *idealizado*, con sus parejas ideales, con su amor platónico, respondían a un gusto «aristocrático» y refinado. Las *Histoires tragiques*, con su perfección artística y su retórica, trataban de satisfacer el deseo de entretenimiento «culto»[16].

Estas afirmaciones de Krömer nos han llevado al ojo del huracán, al torbellino del problema de la lectura, en que directamente no entro aquí, aunque puedan extraerse conclusiones de la presencia-ausencia de obras y autores en las bibliotecas particulares estudiadas. Pero es momento ya de internarse en el espacio privado de la cultura libresca en el período estudiado. Pero antes de ello, la tozuda realidad obliga a plantearse los problemas de las fuentes de información que permiten acceder, a siglos de distancia, a los espacios privados de las bibliotecas.

[16] Krömer, 1979, p. 224.

2. LAS FUENTES DE INFORMACIÓN Y SUS PROBLEMAS

Muchos son los problemas, de todo tipo, que plantean las fuentes de información. Ya me hubiera gustado que fueran más rigurosas, detalladas, exactas, pero hay lo que hay, y con estos mimbres ha de fabricarse el cesto, como ya he dicho. En primer lugar, la tipología de fuentes es variada: inventarios *post mortem*, en vida, ventas, testamentos, segundas nupcias, almonedas, hijuelas, partijas, etc., lo que afecta, claro, a las posibilidades informativas de las mismas[1]. Asumido esto, no es menos importante contar con lo que no está o no puede estar en estas fuentes documentales, en los inventarios, es decir el problema de las ausencias. Retengo literalmente lo que escribía en otra ocasión sobre ello:

> El profesor Víctor Infantes ha hecho un útil y juicioso balance de los problemas que plantean los inventarios, atendiendo al tipo de bibliotecas, «tipología documental del propio inventario», «clases estamentales» y número de libros, etc. Interesa aquí, sin entrar en cuestiones de lectura, como dije, su análisis de lo que no está en los inventarios, tanto libros prestados, sin valor, omitidos por varias razones, como «lo que no son libros»: relaciones de sucesos, almanaques, calendarios, sermones, oraciones, pliegos sueltos... etc. Por su parte, Chevalier y Dadson abordan el problema, fundamentalmente, desde la relación inventario-lectura, en que, como he repetido, no entro aquí. Pero sí me interesa lo que apunta Dadson sobre que «un inventario no tiene por qué representar todos los libros que una persona ha poseído en su vida», las ausencias de «libros de entretenimiento», diferencias entre el elevado número de ediciones de una obra y lo

[1] Dadson, 1998, pp. 14 y ss.; Lorenzo y Ferrero, 2004, pp. 45 y ss.; Infantes, 1997, pp. 281-292. Sobre las características del inventario, función, problemas metodológicos: Infantes, 1998, pp. 163-170; Pedraza, 1997, pp. 231-242 y 1999, pp. 137-158; Bennassar, 1984, pp. 139-146, y los estudios citados en notas 2 y 4 del capítulo anterior.

que los inventarios reflejan, ausencias por mal estado del mucho uso, préstamos, desacuerdos entre el *status* del poseedor y sus libros, dificultad de extraer conclusiones por el reducido número de libros de algunas bibliotecas, etc.[2]

Por su parte, Lorenzo y Ferrero aluden a las «prácticas de préstamo, alquiler y empeño de libros»[3], lo que afecta, claro, al significado e interpretación de lo inventariado. Y en este sentido Chevalier puntualiza que «la presencia de un libro en una casa no significa gran cosa, o mejor dicho puede significar varias cosas» y lo concreta, después, en la diferencia de lecturas de clérigos y letrados y lo que significan sus bibliotecas especializadas[4]. Pero no son menores los problemas de cuantificación, identificación y clasificación. Como señalan Lorenzo y Ferrero, a veces hay indicaciones como «mesa de libros», «cajones de libros», no se especifica el número de ejemplares, se dan relaciones incompletas, se da «una cifra monetaria global»[5]. En alguna ocasión se incluyen bajo un mismo registro varios títulos (13; 18; 38; 51; etc.), varios volúmenes de un mismo título, se da número global sin especificar títulos, se anota «varios libros», sin más. También se da el caso de volúmenes en que se encuadernan juntas varias obras. O en un mismo libro (por ejemplo, 18; 21; 26; 27, etc.) aparecen varios autores, por lo que se computan aquí como un solo libro, pero se tiene en cuenta a los distintos autores a la hora de establecer proporciones. Por ello los problemas de libro-registro a que aludo.

Hay marcadas diferencias en los inventarios en el modo de citar los libros. En aisladas ocasiones dan título, autor y año de edición. Frecuentemente, dan títulos sólo, autores sólo, indicaciones temáticas genéricas, precisiones sobre las características materiales del libro, títulos en forma aleatoria. Encontramos indicaciones como «un libro griego que no hay quien sepa qué libro es» (21, p. 3); «tres libros de mano antiguos» (31, p. 110); «un libro de mano que no tiene nombre ni autor» (21, p. 14). Todo esto dificulta la identificación, por lo que hay que agradecer el esfuerzo de algunos editores modernos de los inventarios para establecer, con los

[2] Ver Díez Borque, 2008b, p. 191. Para las obras citadas: Infantes, 1997, pp. 281 y ss; Chevalier, 1976, pp. 31-36 y 1997, pp. 14-24; Dadson, 1998, «Apéndice 2» y 2003. Son pertinentes los estudios citados en notas 3 y 4 del capítulo 1.

[3] Lorenzo y Ferrero, 2004, p. 49; Chevalier, 1997.

[4] Chevalier, ver nota anterior.

[5] Lorenzo y Ferrero, 2004, pp. 47 y ss.

datos a mano, la obra de que se trata, siempre, claro, con un insalvable margen de error. Lorenzo y Ferrero enfatizan las dificultades de establecer la edición concreta de que se trata, por esta forma de citar por temas, lengua, estado de conservación, tipografía, alusiones genéricas, autor, incluso cuando se cita autor y título resumido[6].

Una gran mayoría de los inventarios estudiados aquí no ofrecen clasificaciones temáticas, pero hay unos pocos casos en que sí lo hacen, lo que nos sitúa ante un apasionante problema cultural que merecería detenido estudio, para el que no hay espacio ni ocasión aquí. En todo caso, valga decir que la ordenación por temas que es toda clasificación ofrece datos impagables para la historia cultural del período en cuanto al modo de acotar y abarcar los saberes. Pero no es esto, como queda dicho, lo que aquí interesa, sino, una vez más, los problemas que estas clasificaciones presentan, que no son pocos, y llevan a confusión, a la hora de utilizarlas para *separar* la literatura en sus diversos géneros de otros tipos de libros (Historia, Derecho, Filosofía, Cosmografía, Matemáticas, Religión, Geografía, etc.).

Encontramos así, por ejemplo, obras literarias bajo el epígrafe «Historia romana», (26) «Diversos de Teología y Humanidad» (27), aunque pueden orientar clasificaciones del tipo «Letras humanas» (26 y 59), «Buenas letras» (63), etc. Pero el más cumplido testimonio de las dificultades que ofrecen las clasificaciones temáticas para aislar las obras literarias del conjunto de libros nos lo ofrecen los inventarios de dos bibliotecas singulares: la del conde de Gondomar y la de Felipe IV. Encontramos en ambas, junto a una gran variedad de temas, clasificaciones específicamente literarias, que parecería que acotan el terreno de la literatura y dentro de ella el de los distintos géneros, pues tal especificación se hace en ocasiones. Pero no siempre es así. Como mero testimonio orientativo valga decir que en la del conde de Gondomar, bajo el epígrafe «Libros de poesía en griego» se incluye el teatro de Aristófanes, Sófocles, Eurípides; en «Libros de poesía en latín» a Terencio, Séneca. En «Libros de poesía en español» aparece *Florando de Castilla*, la *Diana* de Montemayor, la segunda parte de Alonso Pérez, etc. En la de Felipe IV en «Poetas latinos traducidos»: Plauto, Terencio; en «Poetas españoles»: *Cárcel de amor*, de de San Pedro, *Diana* de Montemayor, *Dorotea y Arcadia* de Lope de Vega, etc. Bouza analiza, cumplidamente, el sig-

[6] Lorenzo y Ferrero, 2004, pp. 54-55.

nificado, alcance y problemas de la clasificación por materias de la biblioteca de Felipe IV —allí remito— descubriéndonos, por ejemplo, «duplicaciones», como en el caso de Barros, «practicidad» de la clasificación, ausencias, como en el caso de Herrera y Jáuregui, etc.; y Manso Porto apunta el problema de que las obras de algunos escritores «estuviesen encuadernadas formando colecciones con poemas de otros autores», incluso en obras en prosa[7]. Esto recalca los problemas de las fuentes de información, como venimos viendo, y subraya la dificultad de que las menciones, proporciones, etc., alcancen un grado de exactitud, que es muy difícil de lograr. Por otra parte, el elevado número de libros incluidos en estos inventarios y la mención de obras muy complejas de identificar hacen difícil la separación genérica desde los criterios de la historia de la literatura, especialmente en el caso de las bibliotecas del conde de Gondomar (35) y Felipe IV (55). Por ello en estas dos «especiales» bibliotecas atiendo, en forma general, a los autores presentes en ellas, de distintos géneros literarios, pero no las cuento a la hora de establecer proporciones de libros en los distintos géneros literarios con respecto al número total de los que integran las bibliotecas.

Por si fueran pocos, todavía hay otros problemas que plantean los inventarios, que enumero, siguiendo las puntualizaciones de Lorenzo y Ferrero: «representatividad social frente al conjunto poblacional», «difícil establecer categorías socioprofesionales», «visión fundamentalmente urbana del ámbito de la lectura o de la posesión de libros», «distinguir qué libro de los inventarios masculinos o del matrimonio eran objeto de lectura de la mujer», «no abarcaba todas las pertenencias»[8].

No todos los problemas enunciados hasta aquí afectan del mismo modo al objeto de esta investigación, pero parecía oportuno recoger estas cautelas, remitiendo a la «Introducción y explicación a la Relación de Inventarios» para problemas específicos del estudio que aquí se ofrece. Tras esta cura en salud, justa y necesaria, no estará de más decir que hay un importante volumen de datos ciertos sobre el significado de la presencia de literatura en bibliotecas particulares del Siglo de Oro, que cada lector podrá interpretar y utilizar según sus intereses, sin en-

[7] Bouza, 2005, pp. 73 y ss., 78 y 121. Manso, 1996, p. 55. Escribe Bouza «hay cuarenta y cinco obras que aparecen en más de una materia a pesar de tratarse de un único volumen» (p. 47).

[8] Lorenzo y Ferrero, 2004, pp. 46 y ss.

trar yo aquí, pues no es mi propósito, en la valoración de una ya rica bibliografía sobre bibliotecas[9] ni internarme en los resbaladizos y peligrosos, por conjeturables, terrenos de la lectura[10].

Sobra decir que los problemas hasta aquí enunciados varían según el tipo de fuentes y no son equivalentes para todas ellas, pero afectan, de forma importante, como se irá viendo, a los inventarios aquí utilizados.

No quiero pasar por alto que la presencia contrastada de literatura en las bibliotecas particulares podría ponerse en relación con los repertorios de obras impresas en el período, tiradas, estudios de imprentas en particular, pero esto, obviamente, nos llevaría a otros planteamientos. Sin embargo sí sería oportuno poner en relación inventarios de bibliotecas e inventarios de librerías. Me parece muy ilustrativo el camino que va de las obras atesoradas en las bibliotecas privadas a las obras a la venta en las librerías del siglo, contando con que los inventarios de librerías tienen problemas semejantes, no iguales, a los inventarios de bibliotecas, como hemos visto hasta aquí. Pero esto ya no es un problema específico de las fuentes de información, que es lo que aquí estoy tratando, como de las características de las bibliotecas particulares en el período, sólo en cuanto a la posesión de literatura, pues, como queda dicho, no me interesa aquí el estudio de las bibliotecas en sí mismas.

Todavía he de aludir a algunos problemas particulares de las fuentes aquí utilizadas: en algún caso hay diferente grado de información de las 65 bibliotecas estudiadas, según el género. Por ello en poesía tengo en cuenta 60 bibliotecas, en novela, 63 y en teatro 59. Por otra parte, en alguna aislada ocasión no ha sido posible precisar el número de libros que forman la biblioteca.

Recordaré, para que todo quede claro, que, a pesar de todos los problemas enunciados, utilizo, en general, el término libro, aunque quizá hubiera sido más conveniente el de registro.

Varía, naturalmente, la ortografía de los inventario, por lo que, en general, unifico con criterios actuales para facilitar la comprensión.

[9] Ver n. 1 del capítulo 1.

[10] Ver n. 2 del capítulo 1.

3. LAS BIBLIOTECAS PARTICULARES Y LA LITERATURA

No me interesa aquí, como he repetido, el estudio de las bibliotecas en particular, que cuenta ya con una importante bibliografía (véase nota 1 del capítulo 1), sino sólo y exclusivamente en cuanto a la aparición de libros literarios en sus fondos, que es el objeto de este estudio. Quiero decir que lo pertinente aquí son unos cuantos datos significativos, sintomáticos, de lo que hay en las bibliotecas además de las obras literarias, sin un análisis exhaustivo, para centrar el estudio precisamente en éstas, a las que, así, se les da un marco referencial, sin más.

Antes de entrar en los espacios privados de las bibliotecas particulares, me parece oportuno preguntarse por el espacio público de la literatura, concretado aquí sólo a lo que había a la venta en las librerías españolas del período y limitado a la novela, a la luz de lo que estudie en otra ocasión[1]. De ello retengo lo que sigue, porque lo estimo pertinente y remito a Apéndice donde se recogen los datos concretos que documentan lo que aquí se dice:

> Puede afirmarse que, frente a lo que ha retenido la memoria literaria, frente a la imagen construida del pasado, los compradores que se acercaban a los librerías del siglo XVII encontraban una variada oferta de títulos que eran el día a día, pero que no siempre han dejado rastro significativo en la reconstrucción hoy de ese pasado. Es la distancia que va de lo que se vivía en el siglo a lo que el tamiz del tiempo ha seleccionado. Pero es que también en las bibliotecas particulares —como he estudiado— la presencia de novela es muy limitada, reproduciendo lo que ocurre en las librerías, aunque allí entren otras variables (comunicación oral, ausencias en los inventarios, préstamos, etc.), como analizo en su lugar. No dejaré de decir que en las librerías, además de novela, aparecen otros géneros literarios como teatro,

[1] Díez Borque, 2008a.

poesía, pero no en proporción significativa ni importante. La literatura, pues, parece que ocupaba un lugar menor en la oferta de las librerías españolas del siglo XVII, y, como he dicho, en las bibliotecas privadas. Pero no entro, aquí y ahora, en los resbaladizos terrenos de la lectura, como explico y razono en mis estudios citados (ver n. 2 del cap. 1). Cabe preguntarse, entonces, por las características y composición del fondo de las librerías. No he hecho para el caso un estudio comparativo porcentual por materias, pero a la vista de los inventarios utilizados puedo afirmar —algo, por otra parte ya puesto de relieve por varios de los estudiosos citados— que la parte del león se la llevaba el libro religioso (lo mismo que en las bibliotecas particulares), con una gran variedad de géneros: Imitación de Cristo, vidas de santos, devocionarios, catecismos, sermonarios, oratorios, libros de horas, Evangelios, vida de la Magdalena, oraciones, misales, concilios, pasionarios, rosarios, libros de confesión, etc., con presencia repetida de autores importantes como Santa Teresa, fray Luis de León, fray Luis de Granada, etc. Hay que tener muy presente esto para valorar el peso y alcance de la religión —que conocemos por tantos otros datos históricos— en el horizonte mental y en la construcción del imaginario colectivo de los españoles del XVII. Dato importante es la aparición de los clásicos latinos en casi todas las librerías: Cicerón, Séneca, Ovidio, Plinio, Salustio, Tito Livio, Terencio, Virgilio... etc., sin que falte una habitual presencia de Aristóteles. Nos pone esto ante el peso de la cultura clásica, que ha ido diluyéndose después, pero que parece tener una operatividad importante en el siglo.

Los libros de Historia, Derecho, Política, Medicina..., así como los de carácter práctico (lunarios, calendarios, cartillas, gramáticas, retóricas, formularios de cartas, aritmética, etc.) tienen también una presencia destacada en los fondos de las librerías. Pero, como dije, interesado aquí, en particular, por la novela, no puedo presentar ahora datos de proporciones. Pero sí puede afirmarse que el fondo de las librerías era rico, múltiple y variado, con una limitada presencia de la novela, de la literatura en general, en los términos que hemos visto, pero sobre esto he de volver en próximo estudio.

[...]

El estudio de los inventarios nos proporciona una lista de más de sesenta títulos de novelas a la venta en el periodo considerado. Comprobamos una presencia de los distintos géneros narrativos (caballerías, pastoril, picaresca, aventuras, cortesana...) y una evolución de los gustos literarios, como ya dije. Pero lo que quiero subrayar es que esta extensa nómina muestra unas marcadas diferencias entre lo que la memoria literaria ha conservado, el canon de las historias de la literatura, y la realidad de las novelas a la venta en las librerías del Siglo de Oro, sin que coincidieran, excepto en alguna ocasión, valor literario «actual» y presencia en las librerías. La diferencia entre lo que hoy es objeto de erudición y conocimiento especializado, por una parte, y lectura y valor admitido, por otra, no coincide con lo que ocurría en el siglo XVII. Estos problemas surgen cuando tenernos en cuenta la recepción frente a unos supuestos valores literarios atemporales.

Por una parte, estaban presentes en las librerías el *Quijote*, las *Novelas ejemplares*, la *Arcadia*, el *Guzmán de Alfarache*, el *Lazarillo*, la *Celestina*, el *Peregrino en su patria*, la *Galatea*, la *Pícara Justina*, el *Persiles*, las novelas de Zayas.., aunque con las proporciones vistas, lo que coincidiría con las estimativas actuales. Pero, por otra, encontramos una larga lista de novelas, como *Clara Diana*, *Galateo español*, *Ninfas del Henares*, el *Sagaz Estacio*, *Experiencias de amor*, *Amor con vista*, *Auroras de Diana*, *Eustorgio y Clorilene*, *Mesón del mundo*, etc., que hoy son sobre todo pasto de erudición, frente a lo que pudo ser realidad viva en el siglo. Es verdad que el problema no afecta sólo a la novela. Ocurre algo semejante en teatro, pues sabemos que no coinciden las estimativas actuales, el elenco de obras llevadas repetidamente a escena en nuestros días, y la realidad diaria de los corrales de comedias y coliseos en el XVII, con sus éxitos, reposiciones y fracasos. Todavía en poesía las distancias pueden ser mucho mayores, y bastaría sólo acudir al conocido estudio de Rodríguez Moñino (aunque hay una bibliografía sobre el tema en que no entro) para tener constancia de ello. Baste recordar ese mundo de academias, justas, poesía en la calle..., que eran realidad diaria de la vida poética.

Cuando menos, apoya todo esto la obligación del historiador de la literatura de acercarse a la «realidad de verdad» (Torres Naharro) de las obras en su siglo, sin que ello invalide, claro, la licitud de la memoria literaria a la altura de cada momento. Pero no es cosa ya de internarse en este boscaje[2].

No por esperables dejan de ser importantes las coincidencias entre lo que había a la venta en las librerías y lo que se atesoraba en las bibliotecas privadas, aunque aquí me haya limitado a la novela, pero, evidentemente, este camino de investigación habrá de continuar.

Las 65 bibliotecas estudiadas pertenecen a distintos estamentos socioculturales, hombres y mujeres, tanto las que tienen literatura en sus fondos, como las que no la tienen, como dije. Entre las primeras encontramos, pertenecientes a la nobleza: 1; 9; 16; 21; 32; 33; 35; 36; 42; 44; 48; 51; 55; 56; 57; 61; 62. A autoridades y cargos: 8; 23; 27; 29; 43; 49; 50; 53; 54. A curas y autoridades eclesiásticas: 18; 19; 22; 26; 28; 52; 59. A «profesiones liberales»: 7; 20; 31; 39; 45; 63. A «clases trabajadoras»: 3; 4; 5; 6; 14; 15; 34; 38; 41; 46; 47; 64. Entre las segundas, pertenecientes a la nobleza: 2; 24; 58; a autoridades y cargos: 12; a curas y autorida-

[2] Díez Borque, 2008a, pp. 103-105 y 109.

des eclesiásticas: 25; 40; a «profesiones liberales»: 11; 13; a «clases trabajadoras»: 17; 37.

Por de pronto, esto muestra, claramente, que la presencia, o no, de libros literarios en las bibliotecas no parece depender de la clase social, ni del sexo. Al paso diré, sin entrar en proporciones, que destacan, de forma contundente, en el conjunto, las bibliotecas que sí tienen literatura, frente a las que carecen de ella. Podría establecer proporciones por géneros literarios y clases sociales, pero esto no es lo que interesa aquí ahora.

Muy variable es, naturalmente, el número de libros que integra cada biblioteca (teniendo en cuenta, además, los problemas de cuantificación que plantean las fuentes, como se vio en el capítulo anterior), sin que puedan establecerse, creo, unas pautas valorativas y explicativas ni por estamento, ni por sexo, ni por otras circunstancias. Los datos muestran que hay algunas bibliotecas excepcionales con un elevado número de libros, que destacan ostensiblemente sobre el resto. Así la del conde Gondomar (35) con más de 6.471 y la de Felipe IV (55) con más de 2000, y un reducido grupo (siete bibliotecas) con más de 500 libros: 18; 27; 31; 35; 53; 55; 63. Pero, a partir de aquí, tenemos que en la gran mayoría de bibliotecas (36 del total) el número de libros no supera los cien; en unas pocas (9) está entre cien y doscientos, y no es importante el número de bibliotecas en que se supera esta cantidad (14). Me parece un dato importante, para que se tenga idea del número de libros que integran las bibliotecas, dar unos datos pormenorizados, a pesar del enojo de la prolijidad:

1-20
13 (16)
15 (19)
47 (14)
60 (18)
65 (14)

21-40
2 (27)
3 (24)
4 (36)
5 (23)
11 (36)
12 (34)

46 (34)
48 (38
49 (38)
56 (29)
62 (29)

41-60
1 (58)
6 (54)
9 (41)
14 (54)
17 (43)
19 (51)
37 (50)

61-80
20 (69)
32 (69)
40 (76)
52 (78)
54 (62)
57 (67)

81-100
8 (90)
30 (c. 87)
34 (89)
36 (94)
41 (94)
45 (90)
58 (99)

101-150
24 (126)
29 (138)
43 (124)

150-200
7 (151)
16 (182)
21 (187)
25 (c. 183)

42 (185)
64 (153)

201-250
44 (210)

251-300
39 (285)

301-350
59 (303)

351-400
38 (394)
51 (c. 400)

401-450
22 (417)
26 (434)

Más de 500
18 (1990)
27 (700)
31 (610)
35 (más de 6471)
53 (814)
55 (más de 2000)
63 (530)

A la luz de estos datos tenemos que el número de bibliotecas con menos de cien libros (36) son 61,01% del total (cuento 59 pues de seis no tenemos inventario completo); de cien a doscientos (9): 15,25% del total y más de doscientos (14): 23,72% del total. Creo que estos datos se comentan por sí solos, pero quiero apuntar, respecto a la relación entre clase social y volumen e importancia de la biblioteca, que las bibliotecas que tienen hasta cien libros pertenecen a las distintas clases sociales que veíamos más arriba. Pero a partir de aquí encontramos a los distintos estamentos (nobleza, cargos, curas, profesiones liberales), pero no a las clases trabajadoras, excepto en la biblioteca del guantero Moreno (38), con 399 libros y en la del mercader Arnolfo (64) con 153 libros, que sorprenden, habida cuenta de la tónica general que hemos visto.

Tras estas cuantificaciones es importante conocer el tipo de libros que integran las bibliotecas, aunque tendrá que ser en un muestreo sintomático, y limitado aquí, como ejemplo, a las bibliotecas con novela española, pues miles son los libros y no es posible ahora analizar el conjunto de cada biblioteca, ni rastrear la presencia de la misma obra en varias bibliotecas. Pero pueden destacarse unas constantes y repeticiones significativas, en las bibliotecas que no tienen novela española en sus fondos.

En las bibliotecas mencionadas de miembros de la clerecía encontramos, obviamente, abundantes libros religiosos (vidas de santos, Santa Teresa, Santo Tomás, fray Luis de Granada, San Gregorio, Biblia, Teología, breviarios, sermones...), pero también, en alguna, autores clásicos como Plutarco, Salustio, Catulo, Cicerón, Plinio, Horacio; Gramática, Retórica, libros prácticos de administración religiosa... Destacaré que en la biblioteca del presbítero Francisco López, rector del Hospital Real, aparece Bandello, y en la de Pedro Testay, capellán de Felipe IV, Petrarca.

En las bibliotecas de damas nobles volvemos a encontrar, de forma destacada, libros religiosos (Santa Teresa de Jesús, fray Luis de Granada, San Agustín, horas, letanías, devocionarios, ascética, mística... etc.). Pero hay también un margen para lo profano: Rufo, apotegmas, labores (9); Historia (24); Caligrafía, emblemas, Ariosto (42); fiestas (56)... En el resto de las bibliotecas femeninas señaladas hay variedad de libros, aunque también está presente el libro religioso (fray Luis de Granada y otros): Historia, Leyes, Geografía, Tácito (37); Dioscórides, Agricultura, Cosmografía, Geometría, Aritmética, lunarios, Cocina, Guevara, Esopo, Lope de Rueda (41); Historia, Mexía, Mena, Petrarca, Virgilio (60); Derecho, vocabulario, Garcilaso, poemas (65)...

Sin que falte el libro religioso en las bibliotecas de los nobles, hay gran variedad, en que no entro aquí en detalle, porque no es pertinente, que va de historias, crónicas, guerras, Astronomía, Derecho, viajes, mapas..., a autores españoles (Lope, Lulio, Ausias March, poemas épicos...), italianos (Sannazaro, Tasso, Petrarca, Guarini, Dante, etc.).

En el sector de cargos de la administración encontramos libros de historia, Derecho, Política, Administración, Teología, pero también Erasmo, *Viaje del Parnaso* (13); *Bernardo del Carpio* (49), clásicos latinos, Petrarca, Boccaccio (29), etc.

Por fin en las bibliotecas de profesionales hay libros pertinentes de la profesión, como los libros de estampas (11), o de forma común: libros religiosos, Historia, clásicos grecolatinos, etc. Pero cabe destacar la presencia de Boccaccio (15); Guevara, Pinciano (17); Vitruvio, Euclides (13); Nebrija, Garcilaso, Góngora (63), etc.

En las bibliotecas de «clases trabajadoras», como la del platero Villafranca (17), coherentemente con lo que venimos viendo, encontramos obras religiosas (Santa Teresa, Libro de horas, Kempis...), libros de historia, Pinciano, Guevara, etc.

No será posible hacer aquí un análisis pormenorizado de los libros que había en las bibliotecas que contaban con novela española en sus fondos, ni una valoración de cada una de ellas (lo que queda para otro estudio). Pero sí me parece pertinente presentar algunas consideraciones generales, que pueden ser orientativas.

No faltan en las bibliotecas, como venimos viendo, los grandes núcleos habituales: el religioso, el clásico, el histórico, el político, justificados *per se*. Encontramos el libro religioso con su variedad de posibilidades: Kempis, San Ambrosio, San Agustín, Santo Tomás, Santa Teresa, San Jerónimo, San Ignacio, San Juan, vidas de santos, Evangelios, sermones, horas, etc. También los clásicos grecolatinos: Esopo, Aristóteles, Marcial, Lucano, Plutarco, César, Virgilio, Ovidio, Cicerón, Terencio, Séneca, Plinio, Tito Livio, Marco Aurelio, Valerio, Máximo, Salustio, Horacio, Tácito, Plauto, etc. En el ámbito de la historia hay crónicas, libros de guerra, libros de viajes, anales, etc.

Solamente para que se tenga una idea de los libros que rodeaban a la novela española, como mero muestreo, sin apurar la nómina en cada una de las bibliotecas, ni dar la presencia de cada obra en el conjunto, daré unos cuantos ejemplos significativos, dejando bien claro que en los cientos de libros existentes en el total de las bibliotecas estudiadas hay muchas obras que aquí no menciono, pues ello no es directamente objeto de este estudio, lo que queda para otra ocasión.

Libros de ciencias aplicadas (Arquitectura, Geometría, Matemáticas, Derecho, Medicina, Cocina...) hay en varias bibliotecas (1; 4; 16; 20; 45; 46; 47; 64...). Así mismo no faltan retóricas, gramáticas, con importante presencia de Nebrija (6; 14; 16; 44; 47; 51...), ni libros de música (44...); lunarios (46...); filosofía (7...).

Obras misceláneas, como la *Silva* de Mexía tienen un lugar destacado (1; 7; 14; 16; 30; 34; 46...), también aparece Guevara (4; 34; 38; 39; 51...); Torquemada (38); refraneros (4; 7...) etc. Las obras del propio Erasmo, que tanto tuvo que ver, sin entrar aquí en polémicas sobre el erasmismo, en la difusión de este tipo de literatura están en varias bibliotecas (14; 38; 39; 51...), etc.

Junto a muchos otros autores que aparecen en alguna biblioteca —León Hebreo (7...), Villegas (14...), Venegas (64...), Juan Manuel (54...), Boecio (64...), etc.—, hay una presencia significativa de escritores como Alciato (6, 14, 34, 39...), Lulio (39, 45, 55...), Camoens (34, 38, 44...), Quevedo (45, 54...), Vives (45, 51...) etc.

Muy significativa es, por ejemplo, la presencia de *Flos Sanctorum* de Villegas (1; 2; 4; 6; 18; 24; 25; 29; 30; 31; 56; 58...), o de Ribadeneyra (3; 18; 24; 25; 32; 42; 52; 56; 58...), además de libros de salmos: 8; 9; 14; 18; 20; 24; 38; 39; 42; 43; 44; 49; 51; 64... Pero no parece aconsejable ir aquí más lejos en estas particularizaciones.

Hay dos bibliotecas excepcionales con importante presencia de literatura: la de Gondomar (35), con más de 6471 libros, y la de Felipe IV en la Torre Alta del Alcázar (55), con más de 2000, cuyo mero índice, de la época, de materias —sin entrar en los libros incluidos en cada una de ellas— nos proporciona una valiosa y sugestiva información sobre los «posibles» fondos de bibliotecas del Siglo de Oro.

En la del Conde de Gondomar, prescindiendo de la clasificación de los abundantes libros en hebreo, griego, latín, italiano, francés, inglés, portugués, catalán, manuscritos en varias lenguas, prohibidos, tenemos:

Historia de los reyes y reynos de España
Historias de las Indias de Castilla y Portugal
Historias de los estados de Flandes y Holanda
Historias de los griegos y de los romanos
Historias vniversales y de otras differentes cosas
Historias de Francia, Alemania, Italia, Polonia, etc.
Historias de los judíos, turcos, persas, y de las cosas de África
Historias sagradas
Estatutos y chrónicas de las tres órdenes de Calatraua, Alcántara y Santiago
Constituciones sinodales de differentes obispados y vniversidades y collegios de España
Libros tocantes a las cosas diuinas
Libros de Medicina y Alueytería
Libros de Arithmética, Geometría, Astronomía, etc.
Libros del arte de navegar
Libros de Archítettura
Libros del arte militar
Libros de Música
Libros de differentes sciencias y otras cosas varias

Leyes y ordenanzas de los reynos d'España
Cortes de los reynos d'España, etc.
Libros de caualleria o historias fabulosas
Libros de poesía
Obras de Lope de Vega y comedias de differentes autores
Libros de exequias, reciuimientos y fiestas que se han hecho a reyes y príncipes.

En la de Felipe IV:

Índice de las materias que se contienen y a que se reducen todos los libros

Crónicas universales del Mundo
Historias de España y Castilla
Leyes del Reyno
Historias de Ciudades y Obispados de España
Historias de los Reynos de Aragón, Valencia, Cataluña, Sardeña, Navarra y Vizcaya
Del Reyno de Portugal y su India, China, Japón, Philipinas y Etiopía
Historia de las Indias Occidentales
Historia de África y Turquía
Historia de Persia
Historia de Polonia, Bohemia, Ungría, Transilvania, Dinamarca y Suecia
Historias de Inglaterra y Escocia
Historias Francesas
Historia Italiana
Historia y Guerras de Flandes y Alemania en Italiano y Castellano
Nobleza y linages de España y otras partes
Historia de Personas señaladas
Órdenes Militares y del Tusón
Milicia, Artillería y Fortificación
Arquitectura, Pintura, Escultura, Medallas y Estampas
Cosmografía, Geografía y Topografía
Esfera
Matemáticas, Astronomía, Aritmética, Perspectiva y Astrología
Hydrographía
Filosofía Natural y Moral y Racional
Medicina, Botica y Yerbas, Cirugía, Anatomía
Govierno y Estado
Historiadores Griegos traducidos
Poetas Griegos traducidos
Historiadores Latinos traducidos en Romance, Italiano y Francés

Poetas Latinos, traducidos
Poetas Españoles
Poetas Italianos y Franceses
Diccionarios y Gramáticas
Retórica y Poética
Teología Positiva y Moral
Historia Eclesiástica
Libros de Devoción y Piedad
Música
Agricultura
Libros varios de diversas lenguas[3]

Las clasificaciones en inventarios de alguna otra biblioteca corroboran y complementan este panorama de posibilidades, que recojo sólo como síntoma. Tenemos así en el inventario 26: «Historia en latín; Historia en romance; Libros de Teología; Letras humanas; Libros de leyes y cánones; Libros griegos». En el 27: «Lecturas civiles; Lecturas canónicas; Tratados; Decisiones; Consejos; Prácticas; Diversos de cánones y leyes; Diversos de Teología y Humanidad». En el 53: «Libros del reino; Libros de Inquisición; Libros de Humanidad; Teología moral; Historia», pero también «Libros de a 4°; Libros de a ocho». En el 59: «Lecturas canónicas; Consejos; Decisiones; Tratados varios; Teología; Letras humanas; Más libros de leyes; Libros italianos». Podría aportar algún otro testimonio, pero creo que los recogidos aquí son suficientes para mostrar la variedad de libros que integraban las bibliotecas, rodeando a los literarios, que son los que aquí interesan.

Ciñéndonos a la literatura tenemos que teatro hay en 23 bibliotecas (38,98% del total, cuento 59); poesía hay en 48 bibliotecas (80% del total, cuento 60); y novela en 37 bibliotecas (58,73%, cuento 63) (ver capítulo 2 para el número de bibliotecas consideradas en cada caso). Esto ya es significativo en sí mismo en cuanto al peso de la poesía, seguida a distancia de la novela y todavía más del teatro.

Es muy importante conocer las proporciones de los libros literarios con respecto al total de los que integran cada biblioteca. Prescindo, por las razones apuntadas, de las bibliotecas del conde de Gondomar (35) y de Felipe IV (55) y claro está, de las que no hay inventario completo (10; 23; 28; 33; 50; 61) y de las que no tienen literatura en sus fondos, lo

[3] Manso, 1996, pp. 633-636; Bouza, 2005, pp. 169-170.

que hace un total de dieciocho bibliotecas, es decir cuento 47 aquí. Los datos son los siguientes: hay quince bibliotecas (31,91) que tienen hasta el 5% de libros literarios en sus fondos:

4 (2,77) / 9 (4,87) / 16 (4,39) / 18 (1,35) / 19 (1,96) / 22 (0,23) / 26 (1,84) / 27 (0,85) / 32 (2,89) / 42 (2,70) / 43 (4,83) / 49 (2,63) / 53 (0,49) / 59 (1,65) / 62 (3,44).

Trece bibliotecas tienen del 5,1 al 10% de libros literarios (27,65).

1 (8,62) / 7 (9,27) / 21 (9,62) / 29 (7,97) / 30 (8,04) / 31 (5,73) 39 (8,07) / 41 (9,57) / 44(10) / 51 (9) / 52 (6,41) / 57 (7,24) / 65 (7,14).

Diez bibliotecas del 10,1 al 15% (21,27%).

3 (12,50) / 5 (13,04) / 15 (10,52) / 20 (14,49) / 38 (14,21) / 45 (11,11) / 48 (10,52) / 56 (10,34) / 63 (10,56) / 64 (13,72).

Por fin, en otras nueve bibliotecas la presencia de libros literarios supera el 15% (19,14%), sobrepasando el 20% en siete de ellas, lo que es una proporción muy importante en sí misma, pero de poco relieve en el conjunto:

6 (27,77) / 8 (21,11) / 14 (29,62) / 34 (46,06) / 36 (17,02) / 46 (29,41) / 47 (21,42) / 54 (22,58) / 60 (16,66).

Queda claro en lo que antecede que la mayoría de las bibliotecas (28) tienen hasta el 10% de libros literarios en sus fondos (59,57% del total), mientras que las que superan el 20% de libros literarios son solamente siete (14,89% del total). Ya hemos visto más arriba una muestra sintomática de los libros que había en las bibliotecas, aparte de los literarios, concediendo a éstos, creo, un reducido papel en el conjunto. No puede olvidarse, además, como decía más arriba, que en diez bibliotecas no aparecen obras literarias, lo que reduce todavía más el peso de la literatura. No se me oculta que para un panorama más completo y pormenorizado, habría que distinguir por géneros, clases sociales, y sería interesante comparar con las proporciones de distintos temas y materias de los libros de las bibliotecas estudiadas. Más adelante lo veremos, con detalle, en cada uno de los géneros: prosa de ficción, teatro, poesía, y analizaré el significado de todo ello.

4. POESÍA EN LAS BIBLIOTECAS

a) Introducción

Soy plenamente consciente de que la presencia de libros de poesía en las bibliotecas estudiadas sólo puede darnos una imagen parcial y limitada de la difusión poética en el Siglo de Oro, habida cuenta de las particularidades de ésta, a que ya me referí, que hacen que el libro sea solamente una parte de un complejo entramado en el que entran, y de forma muy destacada, los pliegos de cordel y otros impresos menores, aparte del desbordante mundo de la oralidad, tan difícil de conocer hoy en todas sus contenidos y alcances. Pero, por otra parte, está el mar océano de los manuscritos poéticos, los pasquines en verso, la poesía en la calle de fiestas públicas y celebraciones, que entran en el mundo de la literatura visual, además de academias, justas poéticas, que no siempre han dejado rastro impreso, como dije. Aunque todo esto no sea objeto de este estudio, que se centra y limita a los libros de poesía que hay en las bibliotecas particulares, con todas las limitaciones que se quiera, haré unas mínimas consideraciones para enmarcar el campo concreto de los libros de poesía en las bibliotecas, sobre la relación oral-escrito, a que ya me referí, de forma general y sin entrar en cuestiones particulares de lectura, como ya dije.

La oralidad no afecta sólo a la poesía, sino también, como se dirá después, a otros géneros literarios, de prosa y teatro. Pero es fundamental en poesía, como subraya Margit Frenk:

> Permítanme comenzar con una afirmación que puede parecer extremosa: hablar del «Cancionero oral» español de la Edad de Oro significaría hablar de *toda* la poesía lírica de la Edad de Oro. ¿Por qué? Porque en ese tiempo la poesía las más de veces llegaba a su público por la vía oral ya a través de la lectura en voz alta, ya, principalmente, gracias a la recitación y

> el canto de textos memorizados. Todo parece indicar que rara vez se leía poesía en silencio; su transmisión requería de la voz y del oído.
>
> [...]
>
> La transmisión solía producirse en un circuito complejo; por ejemplo, a alguien le gustaba un poema que acababa de oír; pedía que se lo recitaran o cantaran otra vez; lo escribía, lo memorizaba; lo recitaba o cantaba ante otras personas, que a su vez podían memorizarlo, quizá ponerlo por escrito, y, en todo caso, repetirlo ante otros, con o sin música, y así sucesivamente[1].

Pero para entender tan apasionante mundo cuál es el de la oralidad no pueden desatenderse las complejas relaciones entre oralidad y escritura, como han puesto de relieve varios estudiosos. Así, García de Enterría matiza las relaciones entre escritura y oralidad a propósito de los pliegos de cordel:

> Quizá he dado muchas vueltas antes de llegar al núcleo del problema. Cuando nos enfrentamos con la literatura de cordel estamos ante una muestra de la cultura popular. Es conocida la opinión según la cual la cultura popular no tiene, en general, relación con la letra impresa y se pone toda la fuerza en destacar su oralidad casi absoluta. Precisamente está ahí, supongo, la base del cuestionamiento que la cultura popular plantea a la oficial, o a la misma noción de cultura por las ambigüedades que acarrea la confrontación con un fenómeno cultural más arcaico y menos artificioso. La manifestación oral que habitualmente se da por supuesta en las obras de la cultura popular escasea en la literatura de cordel en gran parte, porque esa oralidad se da en íntima conexión con la escritura. Es decir, en ella constatamos la ausencia del elemento *libro*, pero no de la letra impresa. Si un investigador como Paul Zumthor ha preferido para las realizaciones de la oralidad el término *obra* antes que el término *texto,* en la literatura de cordel es necesario hablar de «textos», sin más, ya que los tenemos impresos en los pliegos[2].

Lo mismo que hace Cid, a propósito de una manifestación fundamental de la literatura popular cual es el romancero, estudiando las relaciones entre transmisión oral y transmisión impresa:

[1] Frenk, 1995, p. 83.

[2] García de Enterría, 1995, p. 99.

Ahora bien, convendría tener en cuenta que, en primer lugar, desde el momento en que se da la reproducción mecánica y la difusión a través de la imprenta, el romance deja de ser oral para convertirse en un texto clausurado, indiferenciable como tal de cualquier otro poema o de cualquier otro objeto «literario». Por otra parte, simultáneamente a la transmisión impresa, el Romancero oral ha seguido existiendo en su propio ámbito oral

[...]

El resultado está a la vista: el Romancero tradicional hispánico constituye un *corpus* de extraordinaria riqueza, y dentro de él son mínimas las interferencias directas que pueden apreciarse entre la transmisión oral y la impresa, siempre que nos atengamos al período histórico observable y siempre que no se confundan en un mismo saco género o subgéneros que poco o nada tienen que ver en cuanto a su lenguaje poético y sus significados últimos[3].

Por su parte, Frenk, reconociendo la importancia como literatura popular del cancionero oral —ese apasionante mundo de canciones tradicionales de variados temas, que se suman al romancero—, no deja de reconocer las interferencias, la complejidad de conceptos como tradicional, folklórico, popular, la existencia de diversidad de géneros...:

Ahora bien, si, en sentido lato, el «cancionero oral» de la Edad de Oro incluye toda la poesía existente, para que el término resulte útil necesitamos restringirlo, limitándolo a las composiciones poéticas que no sólo eran susceptibles de transmitirse de la boca al oído, sino que en esa forma oral-auditiva llegaron a circular abundante, extensa y a veces prolongadamente. Por cierto, que fueron muchísimas las que se encontraban en ese caso.

No faltará quien a la anterior definición quiera añadir el requisito de que la transmisión se hubiera realizado de manera exclusivamente oral; pero con ello se excluiría a esa transmisión «mixta» en la que en algún punto intervenía la letra escrita, y además existe otra pequeña dificultad: las canciones que nunca se pusieron en el papel no podemos conocerlas de manera directa: estaríamos hablando de un cancionero fantasma. También habrá, sin duda, quienes identifiquen «cancionero oral» con un cancionero estrictamente «popular» o «tradicional» o «folclórico», como queramos llamarle, pero esto constituiría una grave limitación, que falsearía la realidad que aspiramos a conocer en la compleja multiplicidad que parece haberla caracterizado.

[...]

[3] Cid, 1995, p. 48.

Recapitulando, vemos un cancionero oral de amplísima circulación y de creciente complejidad, que se va formando a base de breves cantares, ya populares, ya semipopulares, semicortesanos, ya totalmente cortesanos. Además, existía «otro» cancionero oral integrado por piezas más extensas que, quizá por ello mismo, no llegaban a divulgarse en tal grado —aunque sí fueron conocidas por muchos en un momento dado—, y cuya difusión dependería más de los textos impresos y manuscritos[4].

Por otra parte, sobre el alcance de los pliegos de cordel, como literatura popular, señala Wilson:

> De este resumen se deduce que el elemento plebeyo era predominante; que aun cuando algunas obras procedían de fuentes dignas, el producto final era, a veces, bastante mezquino. Algo de la buena poesía seguía encontrando lectores en este formato de baja calidad, pero mucho de lo que se vendía, se compraba, leía y recitaba era pésimo.
>
> [...]
>
> A pesar de que, en general, las obras plebeyas eran desdeñadas por los instruidos, también eran leídas por ellos. Muchos niños, hasta después de 1700 por lo menos, aprendían a leer en estos extremadamente baratos libros de texto. Una larga y tardía serie carolingia de la cual probablemente aún quedan muestras de sus ediciones, se usaba con este propósito.[5]

b) Libros de poesía en las bibliotecas[6]

Parece oportuno distinguir, en primer lugar, entre las bibliotecas en que no aparece poesía y las que sí la incorporan a sus fondos, para valorara después proporciones y significados.

b1) Bibliotecas sin libros de poesía

De las 65 bibliotecas particulares estudiadas nos falta inventario completo de cinco (10; 28; 33; 50; 61), por lo que cuento al efecto 60 bibliotecas. No encuentro libros de poesía en doce (2; 4; 11; 12; 13; 17;

[4] Frenk, 1995, p. 85.

[5] Wilson, 1977, p. 39.

[6] Ver Díez Borque, 2010, que sigo aquí, con correcciones.

24; 25; 37; 40; 47; 58). Esto supone un 20% de bibliotecas sin poesía, lo que quiere decir que en 80% de las bibliotecas sí había libros de poesía. Es una proporción muy importante y reveladora, aunque habrá que reconsiderarla más adelante, al valorar la proporción de libros de poesía con respecto al número total de los que integran la biblioteca.

Si comparamos con las ausencias de novela y libros de teatro en las bibliotecas estudiadas resalta, significativamente, el peso de los libros de poesía en esas bibliotecas. No aparecen novelas en los fondos de 26 bibliotecas, y teatro en los de 36, lo que destaca visiblemente con respecto a las doce en que no hay poesía, como dije.

En su lugar me refería a alguna de las razones de ello. Lo que interesa ahora es la simple constatación del destacado mayor peso de los libros de poesía, como veremos después, aun a pesar de las peculiares circunstancias de su difusión (oralidad, manuscritos, pliegos de cordel...). No cabe extraer conclusiones por área geográfica, período, clase social, sexo (ya me refería a estos problemas en el capítulo 2). Constatamos que las bibliotecas sin poesía pertenecen a distintos sectores socioprofesionales (pero lo mismo ocurre con las que sí la tienen): gentilhombre de cámara (2); pintor (11); abogado (13); platero (17); condesa (24); obispos (25 y 40); agente de negocios (47); duquesa (58), etc.

En cuanto a la presencia de novela y teatro en estas bibliotecas sin poesía tenemos que de las que no tienen poesía, solamente en la del agente de negocios López de Olivares aparecen novelas de Camerino, Lope de Vega y Castillo Solórzano, y en ninguna de ellas libros de teatro.

Podría ser interesante intentar dar respuesta a la pregunta ¿qué hay en las bibliotecas en que no hay poesía? No es posible aquí un estudio sistemático, que exigiría el análisis detallado de cada una de las bibliotecas, rastreando, además, la presencia de la misma obra en varias y el significado de lo que hay. De ello me he ocupado en el capítulo anterior[7]. No obstante, como mera orientación aquí, baste remitir a lo que dije sobre los libros que *rodean* en las bibliotecas a los libros de novela española. Eso nos proporciona una aproximación al cómo estaban constituidas las bibliotecas. Pero no se me oculta la necesidad de afinar más para reconstruir el mundo del libro en las bibliotecas sin poesía, como he dicho.

[7] Ver el capítulo anterior.

b2) Bibliotecas con libros de poesía

Me parece bastante contundente y significativo el dato de que en 48 bibliotecas de las 60 consideradas sí hay libros de poesía (80%). Significa esto que son muchas más las bibliotecas con libros de poesía que las que no cuentan con ellos en sus fondos, frente a lo que ocurre con novela y teatro, como vimos. Antes de entrar en la valoración de las proporciones de los libros de poesía con respecto al número total de libros de cada biblioteca, que nos dará el peso real de la poesía en bibliotecas particulares estudiadas del siglo XVII, puedo retener aquí, como términos de comparación, lo que escribí sobre novela en este sentido y repito más adelante:

> Si consideramos el número de bibliotecas en que no hay novelas, el menor número de éstas en que sí hay y las reducidas proporciones con respecto a los libros que integran la biblioteca podemos tener una idea del poco peso y significado de la novela en las bibliotecas particulares del Siglo de Oro, sin entrar aquí, de nuevo, en cuestiones de lectura, a lo que ya me referí[8].

Y todavía es más importante y significativo todo esto en cuanto a libros de teatro, destacando, además, la ausencia de autores españoles del propio siglo XVII, lo que nos lleva a los resbaladizos terrenos de las relaciones lectura-representación, como estudio en otro lugar y más adelante[9].

Pero tras constatar la presencia de libros de poesía en las bibliotecas —con las elevadas cifras vistas— hay que tomar en consideración las proporciones con respecto al conjunto de libros en cada biblioteca, para valorar el peso de la poesía en ellas. Prescindiendo de la del conde de Gondomar (más de 6471 libros) y de la de Felipe IV (más de 2000) que trataré separadamente, por sus especiales características (cuento, pues, 58), tenemos los siguientes porcentajes —sin exhaustividad, como ya dije— de libros de poesía con respecto a los existentes en las bibliotecas (en otro apartado lo veremos por áreas culturales):

— Inferior al 1%: 18; 22; 27; 53: 6,89% de las bibliotecas.
— Del 1,1% al 3%: 9; 19; 26; 32; 42; 49; 59: 12,06% de las bibliotecas.

[8] Díez Borque, 2008b, p. 105.

[9] Véanse mis estudios citados en Bibliografía sobre libros de teatro en las bibliotecas.

— Del 3,1% al 5%: 16; 30; 31; 43; 45; 52; 54; 62: 13,79% de las bibliotecas.
— Del 5,1% al 7%: 1; 7; 29; 39; 57: 8,62% de las bibliotecas.
— Del 7,1% al 9%: 3; 5; 20; 21; 41; 44; 48; 51; 63; 65: 17,24% de las bibliotecas.
— Del 9,1% al 11%: 15; 56; 64: 5,17% de las bibliotecas.
— Más de 11%: 6; 8; 14; 34; 36; 38; 46; 60: 13,79% de las bibliotecas.

Por los datos apuntados se comprueba que en cuatro bibliotecas la presencia de poesía es inferior al 1% (6,89%); en siete entre 1,1% y 3% (12,06%); en ocho entre 3,1% y 5% (13,79%); en cinco entre 5,1% y 7% (8,62%); en diez entre 7,1% y 9% (17,24%); en tres entre 9,1% y 11% (5,17%); en ocho más del 11% (13,79%). En términos absolutos muestra esto que, aunque la presencia de poesía es importante, como hemos visto, en cuanto al número de bibliotecas, no lo es tanto en cada una de ellas, con respecto al número de libros que las integran, pues en 35 (60,34%) es inferior al 9,1%; solamente en tres está entre el 9,1 y 11% y en ocho supera el 11%, sobrepasando el 20% sólo en dos y sin llegar al 25%.[10] Pero no se me oculta que una comparación en este sentido con otros géneros literarios[11] y otro tipo de materias matizaría estos datos, aunque sin restarles, creo, valor en sí mismos.

Como indiqué, las bibliotecas del conde de Gondomar y Felipe IV merecen una consideración aparte. Tanto por el elevado número de libros, que les da un carácter atípico en el conjunto de las bibliotecas estudiadas, como por los problemas que plantean las clasificaciones por materias de estas bibliotecas y las obras incluidas en cada una de ellas, con problemas, además, de duplicaciones, disparidad según nuestros criterios actuales, como vimos, etc. Pero hay una dificultad importante

[10] Inferior al 1%: 18 (0,90); 22 (0,23); 27 (0,71); 53 (0,49).

-del 1,1% al 3%: 9 (2,43%); 19 (1,96%); 26 (1,38%); 32 (2,89%); 42 (2,16%); 49 (2,63%); 59 (1,65%).

-del 3,1% al 5%: 16 (3,29%), 30 (3,44%); 31 (4,91%); 43 (3,22%); 45 (4,44%); 52 (3,84%); 54 (4,83%); 62 (3,44%).

-del 5,1% al 7%; 1 (5,17%); 7 (6,62%); 29 (5,07%); 39 (6,31%); 57 (5,79%).

-del 7,1% al 9%: 3 (8,33%); 5 (8,69%); 20 (8,69%); 21 (8,02%); 41 (7,44%); 44 (7,61%); 48 (7,89%); 51 (7,50%); 63 (8,11%); 65 (7,14%).

-del 9,1% al 11%: 15 (10,52%); 56 (10,34%); 64 (9,80%).

-más del 11%: 6 (18,51%); 8 (17,77%); 14 (24,07%); 34 (20,22%); 36 (14,89%); 38 (11,42%); 46 (11,76%); 60 (16,66%).

[11] Como se verá más adelante.

de cuantificación, más acusada, quizás, en la biblioteca del conde de Gondomar, por la cantidad de obras, particularmente españolas, a las que es complejo dar una adscripción genérica, por problemas de identificación. Por todo esto no me parece aconsejable ofrecer las cuantificaciones y proporciones, como he hecho con las otras bibliotecas. Baste apuntar que en la biblioteca del conde de Gondomar, según la editora de su inventario, Manso Porto, había «unos seiscientos libros de poesía impresa; de ellos 450 en castellano; 106 en italiano; 27 en portugués y los menos en francés e inglés, catalogados con varias materias. A ellos habría que sumar los manuscritos agrupados en el apartado *Libros de poesía, comedias y historias fabulosas*», y no se mencionan los libros de poesía en griego, en latín y alguno en otros apartados del índice de materias[12]. Por su parte, en la de Felipe IV, Bouza analiza cada una de las materias que propone el inventario, dando el número de títulos y cuerpos, así: nueve entradas (poetas griegos); 27 (latinos); 114 (españoles); 79 (italianos y franceses); 245 («libros varios de diversas lenguas»), pero él mismo apunta, como vimos, los problemas de esta clasificación por materias, y ya hemos visto duplicaciones, ausencias..., además de la inclusión bajo epígrafes de poesía, de novela, teatro, que no considero aquí[13]. Pero, claro está, hay que tener en cuenta la condición socioprofesional de los poseedores.

Lo mismo que decía para las bibliotecas sin poesía en cuanto a la relación con la clase social y el sexo, puedo repetir aquí para las bibliotecas con libros de poesía. No es posible establecer una relación explicativa entre clase social, nivel cultural, sexo, medio urbano y rural y posesión de libros de poesía, con los datos a mano aquí. El hecho cierto es que libros de poesía aparecen en la biblioteca del rey Felipe IV (55) y de damas y caballeros de la nobleza: duquesa de Béjar (1); condesa de Salinas (9); conde de Puñonrostro (16); condestable Fernández de Velasco (21); Pacheco, caballero de Calatrava (32); conde de Gondomar (35); duque de Pastrana (36); condesa de Lemos (42); conde de Salinas (44); conde de Benavente (51); marquesa de Auñón (56); conde de Guimerá (57). Además de la importante proporción destaca el hecho de que aparezcan tanto damas como caballeros nobles, lo que no ocurrirá en otros sectores, como veremos.

[12] Manso, 1996, p. 58.

[13] Bouza, 2005, pp. 73 y ss., 113, 118-119, 120 y 139.

Encontramos poesía en bibliotecas de autoridades y cargos públicos: regidor Peralta (27); protonotario Villanueva (29); capitán, Soto (43); secretario de Su Majestad, Fernández (49); inquisidor Salazar (53); contador de resultas, González (54). Y en las de «profesiones liberales»: arquitecto Gómez Mora (20); maestro Álvarez (39); escritor Caro (63). Y no falta en la de gentes de hábitos: capellán Danes (19); arcediano Castillo (26); presbítero López (52); capellán de Felipe IV, Testay (59).

Pero quiero destacar, porque me parece importante, la frecuencia con que encontramos libros de poesía en bibliotecas de lo que podríamos considerar «clases trabajadoras» —claro que no en sus estratos más humildes—, fuera, pues, de los ámbitos de la nobleza, el poder, la religión o las actividades liberales, lo que puede aportar datos para el siempre complejo problema de la recepción literaria. Estoy refiriéndome a agentes de negocios, mercaderes, plateros... Valga esta muestra sintomática: agentes de negocios, Lucenberg (3), López (47); plateros, Arfe (5), Carrión (14); mercaderes, Benito (34), Arnolfo (64); bordador, Rutierier (15); guantero, Moreno (38); cordonero, Ayllón (46).

No deja de ser apasionante, aunque no se me oculta que habrá que recolectar muchos más datos, esta presencia de la poesía en los diversos estratos socioculturales de la España del siglo XVII, y más allá, claro, los inabarcables mundos de la voz, el manuscrito, el papel ocasional, la poesía en la calle de fiestas y celebraciones, pasquines, pliegos de cordel, como ya dije, etc.

c) Los poetas y sus obras

Una vez que hemos considerado las proporciones de los libros de poesía en las bibliotecas, lo que es importante para valorar la recepción del género en el Siglo de Oro con unos cuantos datos «ciertos», interesa conocer qué autores, qué obras y de qué áreas culturales estaban presentes en las bibliotecas y en qué proporción. Esto me parece fundamental para establecer las diferencias entre el canon de excelencia construido por la historia de la literatura, es decir, la *memoria literaria*, y la realidad del siglo, el canon de la época. Con todas las limitaciones que se quiera. Particularmente, es importante esto en cuanto al peso de la poesía española en relación con la latina y la italiana, y también en cuanto a la repetición de varios autores, la significativa ausencia de otros y la presencia de unos cuantos que no ocupan lugar hoy en las historias de la literatura.

Antes de entrar en el canon de excelencia de autores y su valoración, creo necesario, aunque pueda resultar enojosa la acumulación de cifras, presentar datos comparativos de frecuencia de la poesía castellana, catalana, portuguesa, latina, griega, italiana, francesa, flamenca, lo que nos dará, antes de pasar a los autores, una necesaria visión global. Me limito ahora a la frecuencia de libros de poesía de distintas áreas culturales con relación al número total de libros de poesía en cada biblioteca, una vez que vimos más arriba la frecuencia global de libros de poesía con respecto al número total de libros que integran la biblioteca. No se me oculta que podrían tomarse en consideración las proporciones de los libros de poesía de cada área cultural con respecto al número total de libros que integran la biblioteca. Tendríamos así especificadas las proporciones de la poesía de cada área cultural en el conjunto de la biblioteca, pero haría aquí más enojosa tanta suma de datos numéricos. Baste por ahora con valorar comparativamente el peso de la poesía castellana, catalana, portuguesa, latina, griega, italiana, francesa, flamenca, que nos permitirá después elaborar e interpretar el canon de excelencia que «construyen» las bibliotecas estudiadas. Como no interesa aquí el estudio individual de las bibliotecas, prescindo de las comparaciones de presencia de poesía por áreas culturales en cada una de ellas, aunque reconozco también la posible utilidad de estos datos. No entro aquí en cuestiones de traducción o lengua original, pues lo que interesa son las obras.

Es significativa la presencia de poesía castellana, latina e italiana y mucho menos importante la catalana, portuguesa, griega, e irrelevante la de otras áreas culturales. Creo que son datos contundentes el que en las bibliotecas con poesía (48) poesía castellana aparezca en 40 bibliotecas (83,33%), latina en 34 (70,83%) e italiana en 28 (58,33%), sin entrar, como dije, en distinciones de lengua original o traducción. Frente a ello, tenemos, en el área peninsular, que poesía catalana hay en siete bibliotecas, lo que es importante, pero de un solo autor (Ausiàs March) (14,58%), portuguesa en ocho (16,66%). Fuera del área peninsular, aparte de los autores griegos a que me referiré después, la poesía en otras lenguas (francés, flamenco) no es significativa.

Especial consideración merece el caso de la poesía griega, por su muy reducida presencia, frente a la poesía latina, con lo que se corrobora el reducido peso de la cultura clásica griega, como estudia Luis Gil[14].

[14] Gil Fernández, 1981.

Solamente en diez bibliotecas (20,83%) encuentro poetas griegos, y de forma significativa sólo en la del gran bibliófilo conde de Gondomar (35), pues incluso en la de Felipe IV (55) sólo encuentro Museo, Anacreonte y Homero, y en el resto de bibliotecas, exceptuando Homero, apenas es relevante la presencia de autores importantes como Anacreonte, Píndaro, Teócrito, Hesíodo, por no citar a alguno secundario que aparece aisladamente.

Limitándome, después de lo escrito hasta aquí, a los tres grandes bloques —poesía castellana, latina, italiana— puedo destacar algún hecho importante y revelador. En nueve bibliotecas (9; 22; 23; 30; 32 49; 54; 56; 65) sólo hay poesía castellana; en cinco sólo poesía latina (1; 5; 19; 27; 62) y en una sólo poesía italiana (53). Lo habitual es la confluencia de las tres, claro que en proporciones variables. Aunque tengo hecho el cálculo de proporciones, resultaría prolijo una vez más dar aquí los datos comparativos. Prescindiendo por las razones ya apuntadas más arriba de las bibliotecas del conde de Gondomar (35), de Felipe IV (55) y de P. Aracil (23), sin número de libros, sólo diré que en el caso de la poesía castellana hay once bibliotecas en que la proporción con respecto a los libros de poesía supera el 50% (9; 22; 30; 32; 38; 41; 44; 49; 54; 56; 65); en trece está entre el 25,1% y el 50% (3; 6; 7; 8; 15; 29; 34; 39; 42; 43; 45; 46; 60); en diez va del 10% al 25% (14; 16; 18; 20; 26; 31; 36; 42; 57; 59) y en cuatro inferior al 10% (21; 51; 63; 64). En cuanto a la poesía latina, para que pueda compararse, tenemos que en doce bibliotecas supera el 50% con respecto a los libros de poesía (1; 5; 14; 18; 19; 26; 27; 29; 39; 52; 62; 63); en diez está entre el 25,1% y el 50% (3; 6; 7; 8; 21; 31; 43; 48; 51; 60); en siete va del 10% al 25% (16; 20; 38; 42; 45; 46; 59); en tres, menos de 10% (34; 36; 64). Por fin, en cuanto a la poesía italiana tenemos que en seis bibliotecas su presencia es superior al 50% (16; 36; 48; 53; 59; 64); en ocho está entre el 25,1% y el 50% (7; 15; 21; 31; 34; 42; 51; 60); en diez va del 10 % al 25% (6; 14; 18; 29; 38; 39; 44; 45; 46; 57) y en dos, inferior al 10% (8; 63).

Comparar las proporciones por áreas culturales entre bibliotecas arrojaría luz sobre el peso de la poesía castellana, latina e italiana en las bibliotecas estudiadas, pero, como queda dicho, desborda esto los límites de este estudio. Con todo, los datos recogidos muestran, comparativamente, el significado de la presencia de la poesía de las tres áreas culturales importantes: castellana, latina, italiana.

El estudio de la frecuencia con que aparecen los poetas en las bibliotecas, y el número de ejemplares de sus obras, permite elaborar un canon de excelencia —que puede responder a las estimativas del siglo—, posibilitando la comparación con lo que ha retenido la memoria literaria y construido la historia de la literatura. Permite, además, al tomar en consideración distintas áreas culturales, reconstruir el canon de excelencia de cada una de ellas, en particular de la castellana, latina e italiana, que son las que tienen un peso importante, como vimos. Las presencias llevan, naturalmente, a valorar las ausencias, con datos significativos, especialmente en cuanto a los poetas en castellano consagrados por el canon de excelencia en nuestro siglo.

Los diez poetas por orden de importancia en cuanto a su presencia en las bibliotecas estudiadas (doy el número de apariciones y entre paréntesis el número de ejemplares en total en el conjunto de las bibliotecas, aunque pueda haber alguna variación por las razones apuntadas en el apartado 2) son:

1º Virgilio: 21 (48)
2º Ovidio: 20 (58)
3º Petrarca: 16 (38)
4º Lucano: 13 (18)
5º Ariosto: 12 (24)
Mena: 12 (19)
Alciato: 12 (19)
6º Horacio: 11 (23)
7º Lope de Vega: 9 (30)
8º Torquato Tasso: 8 (25)
Dante: 8 (14)
Boiardo: 8 (9) (8+1 en latín, que cuento en poesía latina)
9º Juvenal: 7 (14)
Garcilaso: 7 (12)
Padilla: 7 (10)
Ausiàs March: 7 (9)
Covarrubias: 7 (7)
10º Homero: 6 (16)
Marcial: 6 (9)
Prudencio: 6 (8)
Barros: 6 (7)

Todavía en cinco bibliotecas —puesto 11º— encontramos la obra de varios poetas: Romanceros (13); Camoens (11); Marqués de Santillana (8); Prudencio (8); Catulo (5); en cuatro: Espinosa (5). A partir de aquí tenemos la larga lista de poetas que aparecen en una sola biblioteca y la más reducida la de los que lo hacen en dos, tres y cuatro bibliotecas, a lo que me referiré después. Vayamos ya a lo que significa este «canon de excelencia» de poetas en bibliotecas españolas del siglo XVII.

Los datos son tan contundentes que se comentan por sí solos. Hasta el puesto quinto, con la presencia de Juan de Mena en doce bibliotecas con 19 ejemplares no aparece ningún poeta español y, además, no se trata de ningún poeta contemporáneo, sino de un autor del siglo XV. No volvemos a encontrar poetas españoles hasta el puesto séptimo —nueve bibliotecas—, con el hecho muy significativo de las estimativas del siglo y las diferencias con el canon construido por la memoria literaria de que junto al gran poeta Lope de Vega (30 ejemplares) (puesto 7º) aparecen en el puesto noveno autores como Padilla y Covarrubias (10 y 7 ejemplares). Garcilaso aparece en el puesto noveno —siete bibliotecas, 12 ejemplares— y Barros en el décimo (6; 7) y nada más de poesía castellana en los diez primeros puestos (el poeta valenciano Ausiàs March aparece también en noveno lugar, siete bibliotecas con 9 ejemplares). Conviene recapacitar entonces sobre lo que nos descubre este canon de excelencia, pues es la poesía latina e italiana, y no la española, la que ocupa los principales puestos. Sin hacer aquí una nómina de ausencias destacadas, que estaría fuera de lugar, aunque resultara orientativa, resalta el hecho de que Quevedo sólo aparece en una biblioteca, igualado con una larga lista de poetas de segunda y tercera fila, que no detallo aquí (véase «Relación de Inventarios»). Poetas de la talla de Hernando del Castillo, Castillejo, fray Luis de León, Cueva, Enzina..., están presentes sólo en dos bibliotecas. Y un Jorge Manrique, San Juan de la Cruz, Góngora, Herrera, Cervantes, sólo los he encontrado en tres bibliotecas, con la misma categoría, en este sentido, que Fuentes, Ledesma, Salas, Silvestre. Por otra parte, en cuatro bibliotecas están presentes Ercilla, Espinel, Orozco, Rufo, Valdivielso. A partir de aquí, una larga nómina de poetas que aparecen una sola vez —especialmente significativo es esto en las bibliotecas del conde de Gondomar (35) y Felipe IV (55)—, pero que apenas han dejado rastro en la memoria literaria y en el construido canon de excelencia por la historia de la literatura. Pero como esto afecta a todas las áreas culturales aludiré a ello más adelante.

El hecho cierto y contundente es que el gran poeta latino Virgilio, específicamente por su *Eneida*, aunque aparezcan también otras obras, ocupa el primer lugar con su presencia en 21 bibliotecas con 48 ejemplares, y el también poeta latino Ovidio, el segundo (20 bibliotecas, 58 ejemplares). En consecuencia, es la poesía clásica latina, y no la española, la que ocupa la cúspide. Pero también es muy significativo el que Petrarca ocupe el tercer lugar (16 bibliotecas, 38 ejemplares). Los fríos datos numéricos —aun con todas las limitaciones apuntadas (reléase el capítulo 2 y la introducción a «Relación de Inventarios») y sin entrar en cuestiones específicas de lectura— muestran que la cultura clásica latina y la italiana con tres autores excepcionales construyen el canon de excelencia. Otra cosa es, como ya digo, que en él no entren hasta el puesto quinto, y con un autor del XV, los poetas españoles.

Prescindiendo de los seis poetas peninsulares en puestos 5°, 7°, 9° y del griego Homero (10°), el resto del «escalafón» lo siguen ocupando poetas latinos e italianos, lo que me parece muy significativo y corrobora lo que venimos viendo.

Gradualmente, nos vamos apartando de esos puestos relevantes de 21 a 16 bibliotecas, pero todavía en doce bibliotecas (5° lugar) encontramos el mundo de los emblemas de Alciato y la épica del latino Lucano. En cierto modo, es coherente con esto el que el quinto lugar (12 bibliotecas) lo ocupe Ariosto, en particular con su poema caballeresco *Orlando furioso*, de tan importante repercusión; el octavo (ocho bibliotecas) el también importante poeta «épico-caballeresco» Torquato Tasso, y el octavo también (ocho bibliotecas), en esa misma línea, Boiardo. Sin olvidar que a la cabeza de todo está el gran épico latino Virgilio, como hemos visto. Algo puede significar, quizá, todo esto, y más si tenemos en cuenta la presencia de Homero en décimo lugar (seis bibliotecas) y la aparición en cuatro bibliotecas de autores de épica culta como Ercilla o Rufo.

En los puestos 6°, 9° y 10° siguen apareciendo poetas latinos, de la talla de Horacio (6°, once bibliotecas), y otros importantes, pero de menor presencia en la memoria literaria, lo que ya es en sí un dato relevante, como Juvenal (9°, siete bibliotecas), y Prudencio y Marcial (10°, seis bibliotecas). Dante ocupa un octavo lugar: ocho bibliotecas, 14 ejemplares.

La importancia de la poesía latina e italiana, que venimos viendo, la corrobora también el hecho de que todavía en cuatro bibliotecas, aunque ahora la proporción sea más modesta, encontramos a poetas latinos como Ausonio, Lucrecio, Propercio, Tibulo o italianos como Dolce, Sannazaro, Bernardo Tasso. Y en tres bibliotecas a Claudiano, Persio y Terracina, respectivamente.

A partir de aquí hay multitud de poetas, de las distintas áreas culturales, que aparecen sólo en una biblioteca —especialmente es importante esto en las del Conde de Gondomar y Felipe IV, como dije—. Sería interminable y prolija la relación aquí caso a caso (el lector interesado puede comprobarlo en el «Relación de Inventarios»). Muchos de ellos apenas han dejado rastro en la memoria literaria, lo que ya es un dato sobre las diferencias entre la realidad del siglo y la realidad construida por la historia de la literatura. Pero no deja de haber algunas diferencias significativas entre el canon de excelencia construido por la historia de la literatura y la aparición en una sola biblioteca. Aparte de los latinos (Estacio, Juvencio...) y griegos, en lo que concierne a la literatura española tenemos los significativos ejemplos (además de Quevedo, ya citado) de Acuña, Barahona, Jáuregui, López de Úbeda..., limitados a la biblioteca del conde de Gondomar. Y Villasandino, hermanos Argensola, Bocángel..., en la de Felipe IV. Naturalmente, la relación podría seguir, pero baste por ahora con esto.

Y puede que una nómina de ausencias de poetas que la memoria literaria ha consagrado añadiera elementos de juicio a lo que venimos viendo, pero creo que no alteraría las conclusiones en lo que aquí es pertinente.

5. NOVELA (PROSA DE FICCIÓN) EN LAS BIBLIOTECAS

a) Introducción

Muchos y variados eran los géneros de la prosa en el Siglo de Oro, a veces con difíciles y fluidas fronteras entre lo literario y lo no literario. Estarían fuera, en principio, de los márgenes literarios los tratados de diversas ciencias, libros prácticos como los repertorios de caminos, artes de navegar, cocina, formación profesional, etc. Pero entrarían, más o menos, en los campos de la literatura la prosa histórica, política, filológica, religiosa, y también avisos, cartas, relaciones, costumbrismo, etc. Dando esto por supuesto, lo que interesa es delimitar las áreas de la prosa de ficción, que es la pertinente aquí.

Evitando cualquier debate teórico sobre el término novela aplicado al Siglo de Oro (y para obras de otras épocas y áreas culturales, que, como se verá, aparecen en las bibliotecas estudiadas) lo utilizo, y también el menos comprometido y de mayor alcance de prosa de ficción, que no sólo acota unos terrenos literarios, sino que permite incluir aquí el cuento, relatos cortos y otros géneros afines. No se me ocultan los problemas teóricos que también plantea esto, pero hay que adoptar criterios para acotar tan amplios terrenos, sin complicar en exceso las cosas.

En las bibliotecas estudiadas —excepto en alguna aislada ocasión— hay muy pocos testimonios de prosa de ficción en otras lenguas, como se verá en su lugar, por lo que es importante primero delimitar los géneros de la prosa de ficción en español; de acuerdo con lo que hay en las bibliotecas, sin aplicar una plantilla previa.

Los tres grandes núcleos de prosa de ficción en español que encontramos en las bibliotecas estudiadas son: libros de caballerías, picaresca, y pastoril, pero sin que estén ausentes otros géneros y manifestaciones, a veces, de difícil clasificación genérica.

Los libros de caballerías tienen unas marcas literarias (forma, estructura, argumentos, temas…) y, también, en buena parte, editoriales que permiten darles, coherentemente, un marco genérico, aunque haya, claro, importantes variaciones hasta el *Quijote*. Por otra parte, la historia de la literatura utiliza de forma sistemática y generalizada los marbetes de novela picaresca, novela pastoril para agrupar coherentemente una serie de obras «afines». No deja de haber problemas: baste tener presente la distancia entre el singular y único *Lazarillo de Tormes* y la larga serie posterior de pícaros y pícaras, y aunque en menor, medida, entre la *Diana* de Montemayor y *La constante Amarilis* de Suárez de Figueroa, por no hablar de las versiones a lo divino de la prosa de ficción pastoril. Y todavía en ese complejo mundo de hibridación de géneros, prosa y verso, cabría citar, por ejemplo, vidas de pícaros en verso, como *El pícaro, primera y segunda parte* (38) y otras novelas en verso, aparte de esa presencia de la poesía en otros géneros a que me refería en el capítulo 3.

Aparte de la caballeresca, picaresca y pastoril había otros géneros de prosa ficción, que tienen, además, presencia en las bibliotecas estudiadas. Tal sería el caso de la llamada novela cortesana, enmarcada, de más difícil definición genérica, o la novela de aventuras, bizantina, viajes…, aparte de una serie de obras heterogéneas, de mezcla de elementos pastoriles, caballerescos, moriscos —sin olvidar, claro, la singularidad de *Celestina*, *Quijote*— a las que no es posible dar un marco genérico definidor. Vemos, pues, los problemas de hibridación, mezcla de géneros, continuidad e innovación con respecto al siglo XVI. La crítica lo ha destacado como uno de los aspectos fundamentales a tener en cuenta al enfrentarse con las clasificaciones genéricas de la prosa de ficción. Pedraza y Rodríguez relacionan desintegración e hibridación:

> La novela en su proceso de desintegración se híbrida con elementos didácticos y moralizantes hasta el extremo de que no sepamos si obras como *El Criticón* son novelas o no. En cualquier caso, su trama y argumento tiene carácter alegórico y valor educativo, no se trata de una peripecia libre y desinteresada como en los géneros narrativos.[1]

En todo ello incide Aurora Egido:

[1] Pedraza y Rodríguez, 1980, p. 79.

> La novela barroca inició, tras los pasos del *Lazarillo*, un proceso de desalegorización que cristalizó tanto en la picaresca como en la obra cervantina y que favoreció la mezcla genérica, lo mismo que la comedia. Ambas tuvieron como fin el deleite del público, aunque éste fuese diferente en cada caso (Baquero [1983]). El trasvase de temas, motivos y personajes o situaciones de una a otra fue enorme. La miscelánea (Rallo [1984 y 1988]) los abarcó junto a la poesía convertida en silva erudita de temas y obras que procuraban el acicate de la curiosidad y el atractivo de lo nuevo. La huella de oficinas y polianteas se dejó ver en toda la literatura, tanto en el acarreo de fuentes, facecias, dichos y adagios como en su estructura.[2]

Y Wardropper:

> Algunos autores parecen haber reaccionado ante esta disposición castellana inventando géneros nuevos que no pudieran considerarse incluidos en la categoría vedada. Sin embargo, muchas de estas obras de carácter híbrido se burlaban del objeto de la prohibición intercalando fragmentos narrativos o dramáticos. Tirso de Molina (contra quien iba dirigida de manera principal la acción de la Junta) sin duda había leído el bando cuando publicó sus inclasificables *Cigarrales de Toledo* en 1621; buen aprendizaje para una miscelánea más cautelosa, *Deleitar aprovechando*, de 1625. *La Dorotea* de Lope de Vega (1632), llamada «acción en prosa», es posible que fuese también otro de los resultados del edicto.[3]

Como puede comprobarse, la continuidad y la innovación son cuestiones centrales en los problemas de hibridación y mezcla de géneros. Wardropper se refiere a la continuidad e innovación con respecto al pasado en el género de la prosa de ficción:

> Así, pues, en el siglo XVII había géneros literarios estables, que mantenían una notable continuidad respecto al pasado, y otros innovadores, ya fuera por causa de hibridación o como consecuencia de audaces experiencias. Gran parte de la prosa de ficción permanece fiel a la antigua tradición —predominante en el siglo XVI— de la sátira menipea, mezclando la poesía con la prosa narrativa. Sin embargo, la novela picaresca mantiene el prototipo del *Lazarillo*, aunque insertándolo de forma distinta en la serie literaria (Guillén) e introduciendo variaciones que pueden ser incluir secciones ex-

[2] Egido, 1992, p. 24.
[3] Wardropper, 1983, p. 27.

> plícitamente moralizadoras (*Guzmán de Alfarache*) o acentuar los aspectos grotescos y escatológicos (el *Buscón*) (Rico). La novela pastoril sobrevive difícilmente en el siglo XVII, tal vez debido a las audaces novedades que introduce en ella Lope de Vega (*La Arcadia*, *Los pastores de Belén*). Lope se revela como el inventor de un tipo de cuento original, distinto del modelo cervantino al mostrar en las llamadas *Novelas a Marcia Leonarda* una intimidad casi embarazosa con la amada para la que se escribieron. Quizá la inversión narrativa más trascendental del Barroco sea la novela de ideas de Gracián, *El Criticón*.[4]

Por su parte, Pedraza y Rodríguez señalan las herencias y cambios que se producen:

> El siglo XVII es momento culminante para la creación de la novela. Las herencias fundamentales en este campo son: la novela italiana, el *Lazarillo y* el relato lucianesco.
>
> Con CERVANTES llegan a su punto culminante las posibilidades de las dos primeras herencias [...]. Después (LOPE, MARÍA DE ZAYAS, MONTALBÁN,...) la novela italiana vuelve con renovada perfección a su primitivo carácter de sarta de aventuras regidas por la casualidad.
>
> [...]
>
> Si Cervantes es el creador, QUEVEDO es el destructor de las posibilidades de la novela. Su espíritu, poco dotado para la simpatía cordial imprescindible al autor sicologista, se inclina por unas técnicas narrativas que van a triunfar de inmediato. La sucesión de *casos* va a ser lo más notable del relato. Estas estampas sueltas dan pie a ingeniosidades conceptistas y a una ridiculización rayana en el expresionismo. *Los Sueños*, *La hora de todos*, *El buscón* son buen ejemplo de la renuncia a expresar intimidades hondamente comprendidas y de la dedicación apasionada a los retratos esperpénticos[5].

Y resumen, lo que me es útil aquí, las direcciones de la novela en el periodo al que pertenecen las bibliotecas estudiadas:

> Dos direcciones se dibujan en la novela barroca: la picaresca y la novela cortesana o de aventuras. Quedan algunos residuos, de escaso relieve, del género pastoril.
>
> En buena medida, la novela cortesana se ha contagiado de los lances y figuras de la *comedia*. Los protagonistas tienen la apostura incontingente de

[4] Wardropper, 1983, pp. 29-30.

[5] Pedraza y Rodríguez, 1980, pp. 75-76.

los galanes y damas, aunque su desenlace sea trágico en muchas más ocasiones que en el teatro, y la desenvoltura y libertad de las costumbres de los personajes sea infinitamente superior. La mayor permisividad de la censura se justifica por la diferencia que hay entre leer y ver la acción en directo, encarnada en seres de carne y hueso[6].

No pretendo con todo lo que antecede entrar en el debate teórico de la prosa de ficción en los Siglos de Oro —a todas luces fuera de lugar aquí—, sino señalar los muchos problemas de los marbetes genéricos de la prosa de ficción que utilizó en lo que sigue para ordenar y clarificar su presencia en las bibliotecas estudiadas. Y éste es el sentido y alcance que aquí tiene, con todas las limitaciones apuntadas. Por otra parte, diré que a los problemas específicos que plantea la presencia del cuento y de prosa de ficción extranjera en las bibliotecas estudiadas me refiero en su lugar. Y en particular señalaré que incluyo aquí *La Celestina*, sin que ignore los debates sobre su género literario, y no cuento Hurtado de Mendoza en la morisca.

b) Bibliotecas sin novela

De las 63 bibliotecas particulares consideradas aquí hay 26 en que no encuentro novela —según los criterios apuntados— en sus fondos. Ello supone un 41,26 por ciento, lo que en sí mismo puede ser un dato revelador del peso e importancia de la novela en bibliotecas particulares del Siglo de Oro. Pero todavía se clarifican más las cosas si tenemos en cuenta el número de novelas con respecto al número total de libros existentes en la biblioteca, como veremos después.

Las bibliotecas sin novela en sus fondos son las correspondientes a los inventarios: 2; 9; 11; 12; 13; 15; 17; 19; 21; 22; 24; 25; 27; 32; 37; 40; 48; 49; 53; 56; 57; 58; 59; 60; 62; 65. Abarcan todo el período estudiado y, como vamos a ver, distintas clases sociales y profesiones, aunque hay algunos datos reveladores.

Encontramos cinco bibliotecas, en el conjunto, (19; 22; 25; 40; 53) de gentes de hábitos (curas, capellanes, canónigos, arcedianos, inquisidores, obispos y arzobispos) que no tenían novelas en sus bibliotecas, lo

[6] Pedraza y Rodríguez, 1980, pp. 208-209.

que me parece un dato significativo sobre su horizonte mental y formación. En el conjunto de las bibliotecas estudiadas sólo he encontrado novela en cuatro bibliotecas de gentes de hábitos.

Asimismo me parece revelador que en cuatro bibliotecas de damas de la nobleza [Condesa de Salinas (9); Condesa de Puñonrostro (24); Marquesa de Auñón (56); Duquesa de Sessa (58)] no aparezcan novelas; ni en la de Fuencisla de Paz —«madrileña de clase acomodada»— (37); tampoco en las de Lucía de Toledo (60), ni en la de María Barreneche (65). No permite esto, claro, conclusiones sobre las bibliotecas femeninas en el Siglo de Oro, pero, cuando menos, impide generalizar sobre gustos y lecturas de las mujeres en el siglo XVII, como alguna vez se ha hecho.

También bibliotecas sin novela pertenecen, en una proporción importante, a nobles: Gentilhombre de Cámara (2); Borja (12); Condestable (21); caballero de la Orden de Calatrava (32); hidalgo Zorrilla (48); conde Guimerá (57); Batres (62). Asimismo diversos cargos de la administración no tenían novelas en su biblioteca: regidor (27); secretario de Su Majestad (49).

Como veremos después es importante la presencia de novela en bibliotecas de varios profesionales, pero hay también unas cuantas en que no aparece: pintor (11); bordador (15); platero (17); abogado (13).

No cabe extraer conclusiones generalizadoras ni por sexo ni por clase social, pues vamos a ver novela, en proporción destacable, más adelante, en estos sectores. Pero, en todo caso, puede ser útil para valorar proporciones, con todas las cautelas que ya apuntaba.

c) Bibliotecas con novela

c1) Proporciones

En 37 bibliotecas —de las 63 estudiadas— sí hay novela en sus fondos, lo que supone un 58,73 por ciento. Significa que son más las bibliotecas que, como hemos visto, tienen novelas. Pero el número de novelas —a salvo algún caso aislado— es muy reducido con respecto al número total de libros que integran las bibliotecas. Hay que tener en cuenta que de varias bibliotecas faltan datos sobre el número de libros y/o la relación completa de títulos que había en ellas, pero tomaré en consideración 37 bibliotecas.

Tenemos once bibliotecas en las que hay una sola novela, es decir, un 29,72 por ciento del total, lo que ya es un dato contundente y revelador. Entre dos y cinco novelas hay en diecinueve bibliotecas, lo que significa un 51,35 por ciento. Entre seis y diez: dos, un 5,40 por ciento. Solamente en 5 bibliotecas —es decir, un 13,51 por ciento— hay más de diez novelas, con el caso especial y muy significativo de la biblioteca del conde de Gondomar y del rey Felipe IV con elevado número de novelas. Pero se trata de bibliotecas excepcionales, como sabemos.

Creo que es interesante, además, conocer la presencia de novelas con respecto al número de registros que integran la biblioteca, lo que, naturalmente, matiza los datos absolutos que acabamos de ver (cuento 31, prescindiendo de las que no hay datos completos y de las del conde de Gondomar y Felipe IV).

En seis bibliotecas el número de novelas es inferior al 1% de los libros que la integran: 18; 26; 31; 42; 51; 63. Supone esto un 19,35% del total.

En nueve bibliotecas hay de 1 a 2%: 1; 16; 29; 36; 39; 41; 43; 44; 52 (29,03%).

En cinco bibliotecas hay del 2,01% a 4%: 4; 7; 8; 38; 64 (16,12%).

En siete bibliotecas hay de 4,01% a 9%: 3; 5; 6; 14; 20; 30; 45 (22,58%).

Sólo en cuatro bibliotecas hay una importante proporción de novelas con respecto al conjunto de las mismas: 34; 46; 47; 54 (12,90%).

Si consideramos el número de bibliotecas en que no hay novelas, el escaso número de éstas en las que sí hay y las reducidas proporciones con respecto a los libros que integran la biblioteca podemos tener una idea del poco peso y significado de la novela en las bibliotecas particulares del Siglo de Oro, sin entrar aquí, de nuevo, en cuestiones de lectura, a lo que ya me referí. El que en 27 bibliotecas la proporción de novelas sea inferior al 10% del total y sólo en cuatro esté entre el 12% y el 22% se comenta por sí solo.

Hay que ser cautelosos a la hora de establecer relaciones entre clase social y posesión de novelas, como ya decía para lo contrario, o sea, para la no posesión. Pero hay, a veces, datos que, cuando menos y con todas las reservas, pueden ponernos en la pista de orientaciones, gustos y preferencias. Así, me parece significativo que de las 37 bibliotecas con novelas, 18 (3; 4; 5; 6; 7; 14; 20; 30; 31; 34; 38; 39; 41; 45; 46; 47; 54; 64) pertenecen a lo que podríamos denominar «clases trabajadoras» y profesiones liberales: agentes de negocios, cereros, plateros, pintores, escritores, arquitectos, guanteros, mercaderes... Frente a ello, once (1; 16;

33; 35; 36; 42; 43; 44; 51; 55; 61) pertenecen a la nobleza y al rey, y cuatro a gentes de hábitos (18; 26; 28; 52). A miembros de la Administración, tres (8; 29; 50); (de la 30 no se especifica clase social). Articulando esto con las ausencias de novela, quizá permita apuntar el peso de la novela en las bibliotecas de las clases trabajadoras y menos en las de la nobleza y en las del clero. Pero no ha de olvidarse lo que decía más arriba, a la vista de las proporciones, sobre la poca presencia de la novela en las bibliotecas privadas del Siglo de Oro, sin entrar en cuestiones de lectura, como expliqué al comienzo.

Hasta aquí me he referido genéricamente a la novela, pero conviene ya —aun con la brevedad obligada— referirse a títulos, autores y géneros.

c2) Libros de caballerías y géneros afines

Como es bien sabido, los libros de caballerías tuvieron un gran éxito editorial en el siglo XVI, con unas etapas de auge y decadencia y, claro, con el *Quijote* en el horizonte del género. No entro aquí, pues no es mi intención, en las características literarias, editoriales, tiradas, disquisiciones genéricas, público... etc., de los libros de caballerías, que cuentan ya con una autorizada bibliografía. Me limitaré a lo que es pertinente al sentido de este estudio, y remito al lector, para evitar repeticiones, a *Relación de Inventarios*.

De las 63 bibliotecas estudiadas tienen libros de caballerías y géneros afines, 16, lo que supone un 25,39 %. Con respecto al número de bibliotecas con novela, 37, las que tienen novelas de caballerías suponen un 43,24%, es decir, casi la mitad, lo que ya es un dato revelador de la pujanza e importancia del género. Diré también que de los alrededor de 80 títulos de novela en el conjunto de bibliotecas, los de los géneros que me ocupan aquí son 28; 35%, lo que se aviene bien con la intensa producción editorial y éxito de ventas que conocemos, y hay que tener presente que ocupan el primer lugar —y a cierta distancia, como veremos—, en el panorama genérico de la prosa de ficción del Siglo de Oro (picaresca, pastoril, aventuras, cortesana, etc.) en las bibliotecas estudiadas.

Las obras más importantes, pero también otras de menor calado, están presentes, aunque con marcadas diferencias en cuanto al número de ejemplares en el conjunto de bibliotecas. De varios títulos hay un solo ejemplar: *Santo Grial; Enrique fi de Oliva; Caballero Cifar; Guarino Mez-*

quino; Lepolemo; Artur; Florisandro; Felixmarte; Lisuarte; Florisello; Taurismundo; Reinaldos; Lancelot. De otros, dos: *Florando; Historia de Carlomagno; Primaleón; Caballero del Febo; Belianís; Policisne de Boecia; Caballero Asisio* (verso). De *Florisel de Niquea*, dos ejemplares, y de la tercera parte (*Rogel de Grecia*), dos, con un lugar destacado para una obra fundamental del género, cual es el *Amadís* (seis ejemplares), lo mismo que los *Palmerines* (seis ejemplares), mientras que de las *Sergas* y *Cristalián* hay tres. Aparecen dos libros sin título.

Sería interesante poner en relación la fecha de las ediciones de las distintas obras y las de los inventarios para comprobar la «duratividad» del género, pero, aparte de su gran complejidad —que va más allá de mis limitaciones aquí—, no sabemos la fecha en que se incorpora cada obra a la correspondiente biblioteca, y los inventarios dan cuenta, normalmente, de los libros que se poseían al fin de una vida. Por otra parte, la relación entre tiradas y presencia en las bibliotecas podría orientarnos sobre los acuerdos-desacuerdos entre valores de mercado y valores literarios establecidos por la crítica, pero la falta de datos obra a obra impide estas consideraciones.

Excepto en cinco bibliotecas (1; 3; 4; 16; 64) en el resto los libros de caballerías conviven con otros géneros narrativos, lo que me parece dato muy importante en cuanto a las expectativas de recepción. Es decir, en las mismas bibliotecas en que aparecen los géneros aquí considerados, hay —según los casos— novela pastoril, picaresca, aventuras, cortesana, *Celestina*, etc. Resultaría muy prolijo valorar en cada biblioteca las proporciones, y no hay espacio para ello aquí, pero, en todo caso, es dato importante para conocer la presencia de la prosa de ficción, frente a pretendidos exclusivismos por clase social, sexo, etc. Precisamente, un recorrido por los poseedores de libros corrobora esto.

Al menos siete bibliotecas, de las dieciséis con libros de caballerías y géneros afines, pertenecen a clases trabajadoras, es decir, fuera del ámbito de la nobleza. Encontramos así, en este espacio social, agentes de negocios (3), cereros (4), criados de su majestad (6), plateros de oro (14), guanteros (38), cordoneros (46), mercaderes (64). Ignoro la ocupación de Párraga (Inventario 30) y Tornamira (Inventario 45). Se trata de todo un abanico de «trabajadores», que, en varios casos, tenían, además, entre sus libros otros géneros narrativos —como puede comprobarse en *Relación de Inventarios*— y, por supuesto, otro tipo de obras, como vimos más arriba.

La nobleza, naturalmente, no está excluida de los poseedores de libros de caballerías y géneros afines: en seis bibliotecas aristocráticas los encontramos. Comenzando por la duquesa de Béjar en 1602 (2), con su *Cristalián* y ninguna novela más, seguimos con el conde de Puñonrostro (16), conde de Gondomar (35), al que me referiré después, conde de Salinas (44), rey Felipe IV (55), Juan de Aguilar, Caballero de Santiago (61). También alguno de estos nobles tiene en sus bibliotecas otros géneros narrativos. Así, en la biblioteca del Conde de Salinas, junto a un libro de caballerías sin encuadernar, manuscrito (dato importante), aparece el *Guzmán de Alfarache* de Mateo Alemán, y el *Galateo español* de Lucas Gracián Dantisco, es decir picaresca y tratado de cortesía con narraciones intercaladas; y en la de Juan de Aguilar, Caballero de Santiago, junto al *Amadís; Florisel de Niquea* y *Felixmarte*, varias obras de Cervantes: *Quijote, Persiles, Galatea, Novelas Ejemplares*, y picaresca (*Pícara Justina*, de López de Úbeda) y novela enmarcada (*Cigarrales de Toledo*, de Tirso de Molina). Como vemos, una amplia variedad de posibilidades. Consideración aparte merecen las bibliotecas del gran bibliófilo que fue el conde de Gondomar y la del rey Felipe IV.

La biblioteca del conde de Gondomar (35), con más de 6471 libros, es, a distancia, la más extensa de todas las estudiadas y la que tiene mayor número de novelas y de libros de caballerías y géneros afines, destacando los primeros, pero no es significativo, habida cuenta del elevado número de libros. Marca, sin duda, unas preferencias, pues, como puede comprobarse en el Inventario 35, no sólo están presentes los principales libros de caballerías y los menos importantes, sino traducciones italianas, francesas y portuguesas. Pero, de nuevo, junto a la caballeresca aparecen prácticamente todos los géneros narrativos del Siglo de Oro, incluidas dos ediciones del *Quijote*, de Cervantes, y una del de Avellaneda. Es coherente con lo que veíamos más arriba en cuanto a la presencia de novela en bibliotecas particulares. En la biblioteca de Felipe IV (55), con más de 2000 libros, en cambio, se limitan los libros de caballerías a *Palmerín de Olivia* y *Amadís* en italiano y *Florando* en el conjunto de novelas, que supone la presencia de los diversos géneros narrativos del XVII, con el *Lazarillo*, pero no el *Quijote*.

Por otra parte, la incorporación de los motivos caballerescos al océano de los pliegos de cordel, al mundo del teatro, la oralidad, desbordan los alcances e intenciones de este estudio. No obstante, el lector interesado en la historia editorial de los libros de caballerías, con la cronología de las etapas de auge y decadencia en el siglo XVI y la desaparición de las prensas en el siglo XVII (otra cosa es la recepción, pues otros problemas había, como he dicho) puede acudir a varios estudios sobre el tema.[7] Pertinente es aquí recordar que, a pesar de que del siglo XVII sólo recoge Lucía Megías[8] una edición de *Policisne de Boecia* (1602) y del *Espejo de príncipes y caballeros* I y II (1617) y III (1623), el género caballeresco está presente de forma importante, como hemos visto, a lo largo del siglo XVII. Pero para conceder a esto un valor significativo habría que saber, como he dicho, la fecha en que cada obra se incorpora a la biblioteca. Con todo, pueden ser datos a tener en cuenta, sin desatender, claro, para la «duración» del género otros procedimientos de difusión, como ya he apuntado.

c3) Novela picaresca

No voy a entrar aquí, porque no es pertinente, en las debatidas cuestiones sobre las características de género de la picaresca; su alcance crítico, o no; su evolución en los siglos XVI y XVII; su relación con otros géneros narrativos del Siglo de Oro, etc. Lo que interesa, claro, es su posesión y peso en el conjunto de la prosa novelesca en el período. Como hemos visto, los libros de caballerías y géneros afines se llevan la parte del león, de modo que su presencia en 16 bibliotecas de las 63 estudiadas (25,39%) y de las 37 con novela (43,24%) y 28 títulos de los 80 que aparecen (35,00%) muestra una primacía sobre los otros géneros narrativos, coherentemente con el éxito editorial en el siglo XVI, que conocemos.

La presencia de novela picaresca en 12 bibliotecas de las 63 estudiadas, como digo, supone un 19,04, y un 32,43 de las 37 con novelas.

En cuanto a títulos los 11, de 80, suponen un 13,75%. Pero antes de valorar todo esto hay que aludir, forzosamente, a un problema que afecta a la picaresca, y no tanto a otros géneros: las prohibiciones, lo que influye, claramente en la edición, difusión y lectura.

La carrera editorial de la obra más importante de la picaresca, *Lazarillo de Tormes*, fue truncada por su inclusión en el *Índice de libros prohibidos* de 1559, convirtiendo su posesión en un acto delictivo. Como dice Al-

[7] Ver Eisenberg y Marín Pina, 2000. Un útil panorama y bibliografía en Lucía Megías y Sales Dasí, 2008.

[8] Lucía Megías, 2000, p. 618.

berto Blecua «Cuando vuelve a aparecer en 1573, lo hace expurgada, y el gusto del público estaba decantado quizá hacia otro tipo de lecturas»[9], pero no podemos olvidar no sólo la continuidad del género, sino las continuaciones del *Lazarillo*. El descubrimiento en 1992 de una edición desconocida del *Lazarillo de Tormes* (Medina del Campo, 1554), emparedada, es decir, oculta «en la pared del doblado de una casa sita en el centro de Barcarrota»[10] junto con otras obras prohibidas corrobora lo que digo acerca de las «especiales circunstancias» del anónimo *Lazarillo*. Cañas Murillo escribe acerca del propietario de la biblioteca de Barcarrota:

> Quizá sea un reformista, acaso un converso del siglo XVI. El carácter de los libros conservados, si no lo atestigua, con absoluta claridad, sí, al menos, parece sugerirlo. En todo caso, una persona que estaba en contacto con obras consideradas peligrosas en la época, textos que fueron perseguidos por la censura del período, que llegaron a figurar en los índices de libros prohibidos elaborados por la Inquisición, no sólo española, sino también portuguesa[11].

En esta línea están las afirmaciones de Alberto Blecua:

> Que, sin embargo, el libro fue leído, y muy bien, por la gente de buen gusto, neoclásicamente nos dirá el P. Sigüenza, es una realidad[12]

Como he repetido, no entro en este estudio en cuestiones de edición y lectura, pero hay que tener presente lo que digo para explicar el que la obra picaresca más importante, la que abre los caminos, de forma magistral, del género, sólo esté presente en dos bibliotecas de las estudiadas: precisamente en la del rey Felipe IV y en la del gran bibliófilo conde de Gondomar, más a salvo de sospecha y persecución. Lo ocurrido en Barcarrota puede ser un valioso testimonio del riesgo y peligro que suponía el tener el *Lazarillo* en la biblioteca.

Es coherente con lo que venimos viendo el que encontremos en cuatro bibliotecas *Galateo y Lazarillo castigado,* de Gracián Dantisco y en otras dos *Propalladia de Bartolomé de Torres Naharro y Lazarillo de Tormes (de Diego*

[9] *La vida de Lazarillo de Tormes*, ed. A. Blecua, p. 47.

[10] Cañas Murillo, 1996, p. 8.

[11] Cañas Murillo, 1996, pp. 12-13.

[12] *La vida de Lazarillo*, ed. A. Blecua, p. 47.

Hurtado de Mendoza), todo corregido y enmendado. Gonzalo Santonja analiza el valor y significado de estas ediciones corregidas, castigadas:

> Desde luego, la maniobra era de largo alcance, porque al propiciar la difusión de amenas ediciones *castigadas* del *Lazarillo*, la *Propalladia*, o las obras de Cristóbal de Castillejo, se ponía en marcha un mecanismo censor mucho más eficaz que el utilizado hasta entonces: las prohibiciones impedían tirar nuevas ediciones [...]. Lanzando al mercado ediciones nacionales *castigadas* quedaba reducido el potencial de lectores de las clandestinas y, por ende, corrían mayores riesgos sus difusores[13].

Hay que decir, por otra parte, que en una biblioteca encontramos el *Lazarillo de Manzanares* de Cortés de Tolosa, aunque sobre ella opina Alberto Blecua:

> Las restantes obras que utilizan el nombre del protagonista, como el *Lazarillo de Manzanares* (Madrid, 1620) de Juan Cortés, poco tienen que ver con el original, hasta el punto de que alguna de ellas no es otra cosa que una descripción en verso de una ciudad, como ocurre con el *Lazarillo de Badalona.*[14]

Era necesario conocer los avatares del *Lazarillo de Tormes* para interpretar la presencia de la picaresca en bibliotecas del Siglo de Oro español. Podemos ya preguntarnos ¿qué ocurriría con las otras obras picarescas, aparte del *Lazarillo*? Por de pronto, salta a la vista que de la picaresca de protagonista femenino —excepto de la *Pícara Justina*, que veremos después— encontramos en una biblioteca *Hija de Celestina*, de Salas Barbadillo, e *Ingeniosa Elena*, del mismo autor. También en una biblioteca aparecen: *Escudero* (Espinel), *Segunda parte del Guzmán de Alfarache*, de Luján de Sayavedra, Juan Martí; *Pedro de Urdemalas*, de Salas Barbadillo y *Alonso, mozo de muchos amos*, de Alcalá Yáñez. Resalta, pues, la variedad de títulos, pero, a la vez, la reducida presencia del género, no explicable ahora por razones de control y censura. Puede que, como escribe Alberto Blecua —aunque a propósito del *Lazarillo*—, «el gusto del público estaba decantado quizá hacia otro tipo de lecturas» (*op. cit.*,

13 *Vida del Lazarillo de Tormes castigado o Lazarillo de la Inquisición*, ed. G. Santonja, p. X.

14 *La vida de Lazarillo*, ed. A. Blecua, p. 48.

p. 47). Pero dos novelas picarescas tienen mayor presencia, como vamos a ver a continuación.

El *Guzmán de Alfarache*, de Mateo Alemán, aparece en seis bibliotecas y la *Pícara Justina*, de López de Úbeda, en cuatro. En el primer caso coincidiría con el canon de excelencia que ha retenido la memoria literaria, pero no habría el mismo acuerdo para la obra de López de Úbeda. Sin entrar ahora en mayores disquisiciones sobre el *Guzmán de Alfarache*, baste retener aquí lo que escribe Alberto Blecua sobre la vinculación con el *Lazarillo*:

> Y el *Lazarillo* tuvo la suerte de encontrar dos lectores excepcionales: Cervantes y Mateo Alemán. Dos estilos y dos lecturas distintas, pero fue este último, Alemán, quien entendió la tesis implícita en la obra y sus rasgos más característicos, aprovechándolos con intenciones novelescas diferentes[15].

En cambio, la *Pícara Justina*, que aparece el mismo año que la primera parte del *Quijote*, 1605, ha sido considerada por la crítica, en general, como de poco interés y más destacable como obra moral y de valor lingüístico que como novela picaresca. Recordemos, a propósito, el acerado juicio de Cervantes:

> Haldeando venía y trasudando
> el autor de *La pícara Justina*.
> Capellán lego del contrario bando.
> Y cual si fuera de una culebrina,
> disparó de sus manos su librazo,
> que fue de nuestro campo la ruïna
> (*Viaje del Parnaso*, vv. 2230-2235)

Sería interesante relacionar fecha de edición y fecha del inventario de la biblioteca para comprobar la «duratividad», es decir, la permanencia del título. Pero esta posibilidad queda gravemente limitada, pues no sabemos la fecha exacta en que se incorpora la novela a la biblioteca. También podría ser útil poner en relación número de ediciones y tirada, pero me faltan datos para aclarar todo esto, como dije.

Prácticamente en todas las bibliotecas en que aparece novela picaresca no lo hace de forma aislada, sino en convivencia con otros géne-

15 *La vida de Lazarillo*, ed. A. Blecua, p. 47.

ros narrativos de muy distinto alcance, como pueden ser los libros de caballerías, pastoriles, aventuras... Es un dato importante, a pesar de la limitación de los testimonios, sobre las expectativas de recepción y, en particular, para esas debatidas cuestiones de «realismo», «idealismo». Remito al lector a *Relación de Inventarios*, donde comprobará, además, la presencia del género a lo largo de todo el período estudiado, aunque ya he apuntado más arriba las limitaciones para este tipo de conjeturas.

De las doce bibliotecas con novela picaresca en sus fondos siete pertenecen a clases trabajadoras y cinco a la nobleza y rey. Es un dato importante, aunque hay que ser cautelosos a la hora de extraer conclusiones, no sólo por la limitación de los testimonios, sino, como queda dicho, por la presencia de distintos géneros narrativos en cada biblioteca. En todo caso, no dejaré de recordar que novela picaresca aparece en bibliotecas de plateros, mercaderes, arquitectos, maestros, cordoneros, cortadores, guanteros, (14; 20; 34; 38; 39; 46; 54). Menor es la presencia en bibliotecas aristocráticas y de la realeza: conde de Gondomar (35); conde de Lemos (42); conde de Santiago (44); rey Felipe IV (55) y Caballero de Santiago (61).

No puedo abordar aquí las cuestiones de «duración» del género en las bibliotecas estudiadas, la relación con la fecha en que se edita la obra, permanencia de títulos y autores, relación entre el número de ediciones y tiradas, como dije. No sabemos, como he dicho, cuándo se incorporan las obras a las bibliotecas, por qué medios, etc. Con todo, diré que el balance de títulos y autores —con el especial caso del *Lazarillo*, ya comentado— muestra lo que Alberto del Monte ha resumido, certeramente, el proceso de degradación del género. La cita es larga, pero esclarecedora:

> La tradición literaria de la novela picaresca hizo su aparición en el Renacimiento con el *Lazarillo de Tormes*, que renovó las fuentes folklóricas y un gusto literario ya esporádicamente aparecido en una serie de obras (diferentes entre sí y de la novela por la individualidad artística y por la fisonomía histórica) y difundido especialmente en la Edad de Oro de la literatura española a causa de la situación moral y de las condiciones sociales, y ejemplarizó esta sensibilidad cultural conforme a una suma de datos estructurales y temáticos, produciendo un panorama de tipos psicológicos y un modelo de prosa narrativa e iniciando un problema ético-social. La herencia literaria del *Lazarillo* es recibida, en clima barroco, por Mateo Alemán, que, en su *Guzmán de Alfarache*, la sella con su singularidad espiritual y la transfigura según las nuevas exigencias históricas, dilatando hasta proporcio-

nes inconfundibles los distintivos psicológicos y estilísticos del arquetipo. La tradición tuvo fecunda vida, pero, como sucede en todos los géneros literarios, la mayoría de sus seguidores fueron epígonos que sólo imitaron las características puramente extrínsecas, muchas veces sirviendo a un gusto absolutamente distinto, y que no comprendieron la problemática moral y social de sus modelos. Reducido a pretexto para una burla cortesana y un ejercicio de retórica ya con *La pícara Justina*, y a un refrito en busca del éxito comercial con la *Segunda Parte de Guzmán de Alfarache* de Mateo Lujan, el género picaresco desvela los gérmenes de una decadencia que su misma índole parecía custodiar, aunque no fuese interpretada la substancia más secreta y vital: la ético-social. Ésta es recuperada en la *Segunda Parte de Lazarillo de Tormes* de Juan de Luna y con el *Buscón*. Pero, ya en el *Lazarillo de Manzanares*, los gérmenes de decadencia habían aumentado, sea en el sentido de una mitificación del pícaro, sea en el sentido del disfrute comercial de un género de moda. El decaimiento ya es flagrante en las novelas de Castillo, y consumado en la *Vida de don Gregorio Guadaña*[16].

c4) Novela pastoril

No entraré aquí en las características genéricas de la llamada novela pastoril y la literatura de pastores[17], pues no es objeto de este estudio, al que interesan, particularmente, las cuestiones que afectan a la presencia de novelas pastoriles en las bibliotecas particulares Siglo de Oro español, su relación con otros géneros narrativos y las consecuencias derivadas de ello, como en los anteriores casos.

Hay que decir, en primer lugar, como vimos, que los libros de caballerías y los géneros afines ocupan el primer lugar tanto por su presencia en bibliotecas en términos absolutos (25,39%) como respecto a las que tienen novela (43,24%). También en cuanto a títulos ocupan el primer lugar (35%). Sigue la novela picaresca, que aparece en 12 bibliotecas (19,04%) y un 32,43% de las que tienen novelas. Por número de títulos ocupa el tercer lugar, pero a distancia de los libros de caballerías: once de ochenta, lo que significa un 13,75%.

La novela pastoril ocuparía el segundo lugar por número de títulos: 12, que suponen un 15% y el tercero por presencia en bibliotecas en general, diez: 15,87. En cuanto a bibliotecas con novela: 27,02%.

16 Monte, 1971, pp. 155-156.

17 López Estrada, Huerta Calvo e Infantes de Miguel, 1984.

Antes de entrar a valorar el significado y alcance de estos datos y, aunque sin analizar, como he dicho, las características literarias del género narrativo pastoril, parece oportuno preguntarse por un hecho sociocultural tan sugestivo como es el que la España del siglo XVI —en consonancia con Europa— se apasione por el mundo pastoril en variedad de formalizaciones literarias[18].

Como es bien sabido en la España renacentista de la primera mitad del siglo XVI encontramos la confluencia de varios ríos literarios en la mar de lo pastoril: junto a Garcilaso de la Vega y su escuela tenemos el teatro pastoril —religioso y profano— de Juan del Enzina, Lucas Fernández, Gil Vicente y muchos otros[19] y, por supuesto, la novela pastoril de Bernardino de Ribeiro, Montemayor, Gálvez de Montalvo, Lope de Vega, Cervantes, etc. Obviamente, varían mucho los registros del pastor literario: desde la comicidad rústica «sayaguesa» de los pastores navideños, a la inversión de los códigos de amor cortés de los pastores teatrales[20], pasando por la elevación lírica de los pastores enamorados, de la poesía, y la bucólica narrativa de amor de la novela pastoril. En todo caso, como ha señalado la crítica, vienen a confluir varios prestigios en este afianzamiento del pastor como personaje literario. E. R. Curtius puso de relieve el peso del mundo clásico:

> Escribir poesía bajo un árbol, en el prado y junto a una fuente, será en la época helenística un motivo poético. Para escribir de este modo hace falta un marco sociológico, esto es, un oficio que exija la vida al aire libre o en el campo, lejos de la ciudad [...]. Todo esto lo tienen los pastores, que disfrutan del ocio en abundancia[21].

Pero no deja de recordar que:

> En todos los lugares y tiempos ha habido pastores; es una forma básica de la existencia humana, representada también en la tradición cristiana por el relato del nacimiento de Jesús, tal y como lo refiere San Lucas[22].

[18] Ver para todo esto Highet, 1978.
[19] Díez Borque, 1987.
[20] Díez Borque, 1970 y 1987.
[21] Curtius, 1976, p. 269.
[22] Curtius, 1976, p. 269.

Se sumarían así, para la importancia literaria del personaje pastor, el prestigio clásico, el prestigio cristiano y, además, la existencia de pastores reales, pero éstos, claro, no van a ser los de la lírica y novela, aunque puedan tener cierto peso en los pastores teatrales o en los villancicos pastoriles. Pero, como escriben R. O. Jones y C. R. Lee, a propósito de Enzina:

> Sin duda la figura del pastor era de una intrínseca comicidad para el público al que se dirigía Enzina y en general podemos suponer que Enzina compartía aquellos sentimientos, pero su brío y delicadeza levantan estas poesías muy por encima de meras bufonadas.[23]

Como estudia el citado Curtius, desde los lejanos pastores Anquises, Endimión, Ganímedes, Dafnis y después el escritor Teócrito «propiamente creador de la poesía bucólica», la Arcadia pudo volver a descubrirse infinitas veces, gracias a que la temática pastoril no está ligada con ningún género determinado [...]. El mundo pastoril es tan vasto como el caballeresco[24], pero fue gracias a Virgilio que la «poesía pastoril vino a convertirse en patrimonio estable de la tradición de Occidente», sustituyendo Sicilia «por la Arcadia novelesca y lejana»[25]. A partir de ahí, la historia conocida de los Sannazaro, Tasso, Guarini, etc. El propio Juan del Enzina al sumar argumentos para justificar su estilo rústico pastoril en su *Arte de Poesía*, prólogos a la traducción de las *Bucólicas y Églogas* nos da claves importantes para entender y valorar el peso de lo pastoril y el ámbito de estimativas literarias en que se inscribe y la confluencia de prestigios a que vengo haciendo referencia. He estudiado detalladamente todo esto en otra ocasión[26]. De allí retendré porque es pertinente:

> En la equivalencia dignidad de la vida pastoril = dignidad del estilo rústico suprime la mediación bucolizante idílica —bien estudiada por Curtius— y funda su relación en una suerte de pretendido realismo, respondiendo a unas expectativas de recepción, como demuestra el arraigo del

[23] Encina, 1975, p. 31.
[24] Curtius, 1976, pp. 269-270.
[25] Curtius, 1976, pp. 269-270.
[26] Díez Borque, 1987.

teatro pastoril, aunque quizá sin atreverse a definirlas expresamente en normativa poética para no confundir en la ley jerarquía social y cultural.

Vayamos ya a los textos. En el segundo prólogo «en la traslación de las *Bucólicas* de Virgilio», dedicado al príncipe Don Juan, escribe Enzina, con la misma rotundidad que ya vimos:

> Y, pues tan ecelentes cosas se siguieron del campo, y tan grandes hombres amaron la agricultura y vida rústica y escrivieron della, no deve ser despreciada mi obra por ser escrita en estilo pastoril (I, p. 230).

Para añadir contundencia y validez a su argumento presenta una esclarecida nómina de pastores ilustres (mezcla pastoreo y agricultura), en éste y en el primer prólogo a las *Bucólicas*, que incluye desde los bíblicos (Abel, Noé, Abraham, Ysaac, Moisés, David) a los romanos (Fabios, Pisones, Cicerones, Léntulos, etc.), así como de preclaros escritores que ensalzaron la vida rústica (Marco Varrón, Catón, Cicerón, Paladio, Virgilio, Plinio). No habla del estilo pastoril, sino de la vida.

Enzina, al optar por la vida como apoyo de la literatura, hace converger, en cierto modo, una vía medieval y una vía renacentista al acudir a los prestigios previos de lo clásico y lo bíblico. No podía encontrar en los pastores de Alba de Tormes, en la vida de la Mesta, un perfil cultural dignificador desde la contemporaneidad, por lo que no es el mérito de quienes cuidan ovejas, sino el de las personalidades bíblicas o clásicas, a ello asociadas, el que le sirve para dignificar lo rústico-pastoril desde la vida. Por una transmutación temporal justifica la presencia de la vida rústica —con toda la estilización que se quiera— en su obra.

Cita, por encima de todo, una autoridad incuestionable, que está más allá de cualquier poder terrenal:

> Y Moisés en vida pastoril estaba metido quando vio aquella visión de la çarça, y David siendo pastor [...] y de allí fue ungido por rey, del qual dixo Dios: «*Inveni virum secundum cor meum*» (I, p. 229).

A la importancia de citar a Dios como *garantía* suprema de la vida pastoril se suma la mención expresa, aseguradora al máximo, de Cristo-pastor. Leemos en el prólogo a su traducción de las *Bucólicas*, dedicado a Don Fernando y Doña Isabel:

> No tengáys por mal, manánimos príncipes, en dedicaros obra de pastores pues que no ay nombre más convenible al estado real, del qual nuestro Redentor, que es el verdadero rey de los reyes, se precia mucho, según parece en muchos lugares de la Sagrada Escritura (I, p. 221).

Creo que no es necesario ningún comentario para ponderar el hecho de que Enzina acuda a Cristo como justificación absoluta e indiscutible de su «obra de pastores».[27]

Las vías de lo clásico, lo religioso, vida pastoril —con las limitaciones apuntadas— confluyen en la vida pastoril literaria del Renacimiento, cuyas características básicas ha resumido G. Highet:

> aparecen ninfas, sátiros y otra flora y fauna, para expresar la intensa y hermosa vitalidad de la naturaleza silvestre. Hay varios elementos que caracterizan la vida pastoril: amores sencillos, música popular (especialmente el canto y las melodías del caramillo), pureza de costumbres, simplicidad de hábitos, comida sana y frugal, vestido llano y vida honesta y sosegada, en fuerte contraste con la agitación y corrupción de la existencia en las grandes ciudades.[28]

Es decir, los cauces de los grandes conceptos: *beatus ille, bucolismo, platonismo, melancolía,* etc. Pero, claro, hay en las novelas pastoriles españolas algunas características propias, rasgos individuales según los autores, evolución del género, versiones a lo divino, etc., en que, como queda dicho y repetido, no voy a entrar aquí, para pasar ya al análisis y valoración de la presencia de novela pastoril en bibliotecas españolas del Siglo de Oro.

Como dije, encontramos novela pastoril en 10 bibliotecas, lo que supone un 15,87 del conjunto de las 63 estudiadas, es decir en 53 bibliotecas no he encontrado —o no se dan datos pertinentes— novela pastoril. Con respecto a las 37 bibliotecas con novela, supone un 27,02%.

Es muy significativo el hecho de que en las bibliotecas en que aparece novela pastoril lo haga junto a otros géneros narrativos: caballerías, picaresca, aventuras, cortesana... Sin entrar en simplificaciones de «realismo» e «idealismo», el hecho cierto es que hay una gran distancia entre la novela pastoril y la novela de aventuras:

> tienen orígenes diversos, historias diversas, métodos diversos y propósitos diversos [...] la vida del campo, descansada y sin acontecimientos, «lejos del

[27] Díez Borque, 1987, pp. 128-130. Aquí se citan estudios pertinentes de Temprano; Benítez Claros; Andrews; MacAndrew; Yabro Bejarano; Surtz; Egido, etc. Allí remito para las referencias.

[28] Highet, 1978, p. 258. Ver también López Estrada, 1984.

mundanal ruido», mientras que el ideal de la ficción novelesca es la aventura desenfrenada e impredecible.[29]

Aunque reconoce que «Hay en su raíz profundos vínculos psicológicos que las unen»[30]. Sería esa evasión idealizadora «hacia arriba». Pero entre el mundo de los pastores, los pícaros, los amantes cortesanos las distancias son mayores.

Aunque no se me oculta que es, en extremo, terreno resbaladizo, encontramos, respecto a la clase social de los poseedores, que solamente tres bibliotecas pertenecen a la aristocracia: la del Conde de Gondomar (35); la del rey Felipe (55) y la de J. de Aguilar, Caballero de Santiago (61). El resto pertenece a escritores (A. de Barros, 7); mercaderes (A. Benito, 34); guanteros (F. Moreno, 38); cordoneros (M. de Ayllón, 46); agentes de negocios (M. López, 47); contadores de resultas (C. González, 54); criado (6). Aunque como ya dije no entro aquí en cuestiones especificas de lectura, me parecen datos reveladores que habrá que tener en cuenta.[31]

Se da el hecho de que encontramos novela pastoril prácticamente desde el comienzo del período estudiado al final del mismo, 1600-1650, como se recordará. Así aparece ya en 1604 en la biblioteca de Antonio de Sigura (6) y en 1644 en la biblioteca de J. de Aguilar (61). Lleva esto, claro, a la tentación de relacionar fecha de edición de la obra y fecha del inventario para abordar cuestiones tan sugestivas como la «duración» de un género, la permanencia de títulos pero no es posible al no saber la fecha en que se incorpora la novela a la biblioteca, los procedimientos por los que llega a ella, como ya dije, etc. También faltan datos para poner en relación número de ediciones, tiradas, pero me he ocupado de las novelas a la venta en librerías españolas del Siglo de Oro en otro estudio.[32]

Y llegamos a las obras y sus autores, en el sentido de lo que aquí es pertinente. Como dije, de la novela pastoril encontramos doce títulos (contando separadamente las distintas partes de la *Diana*). Me parece muy importante el que ocupe el primer lugar una obra fundamental del género cual es la *Diana* de Montemayor, que encontramos con seis ejemplares, además la segunda parte en una biblioteca y la tercera en

[29] Highet, 1978, p. 258.

[30] Highet, 1978, p. 258.

[31] Ver Chevalier, 1974, pp. 40-55.

[32] Díez Borque, 2008a. Ver *Apéndice*.

una, lo que vendría a coincidir con el canon construido por la memoria literaria. Pero, en cambio, de *Los pastores de Belén* de Lope de Vega y de *La Galatea* de Miguel de Cervantes sólo aparecen dos ejemplares, como de obra tan importante como la *Menina e Moça* de Bernardino de Ribeiro, también destacable por su carácter inaugural del género. En este caso no coincide la valoración de la historia literaria con la presencia real en bibliotecas, que sí sería explicable, desde nuestro punto de vista de hoy, con la aparición en una sola biblioteca de obras de menor alcance como *Desengaño de celos* de López de Enciso o un testimonio de versión a lo divino como *Clara Diana a lo divino* de Bartolomé Ponce, además de *Aurora de Diana* (Castro); *El premio de la constancia* (Espinel).

Una obra fundamental del género, cual es *La Arcadia* de Lope de Vega, la encontramos con cinco ejemplares. Pero no hay que olvidar que una obra menor, que, prácticamente no ha retenido la historia literaria, como *Los diez libros de fortuna de amor*, de A. de Lo Frasso, aparece en dos bibliotecas, lo mismo que *El pastor de Fílida* de Gálvez de Montalvo, que, con ser más interesante, no está entre las obras maestras del género. Pero todo esto, a fin de cuentas, son los desacuerdos habituales entre el canon construido por la historia literaria y la «realidad» del siglo, como he tenido ocasión de mostrar para otros tipos de novelas.

Aunque, como decía arriba, renuncie aquí a relacionar fecha de edición y fecha del inventario y a valorar la «duración» del género por las razones aludidas, no dejaré de decir que la presencia de títulos y autores pastoriles en las bibliotecas estudiadas muestra la historia literaria del género, que resume bien Avalle Arce:

> En España la novela pastoril constituye una vívida llamarada que ilumina con claridad medio siglo de hacer literario (la segunda mitad del XVI, y cuyos últimos destellos alcanzan los dos primeros decenios del XVII. Después de esto los pastores novelísticos vuelven a quedar en la oscuridad. Pero en su comienzo el género nace, como Atena de la cabeza de Zeus, armado de punta en blanco, con toda la perfección de la madurez, y así se nos aparece en la *Diana* de Montemayor (publicada seguramente en 1559). Por otra parte, después de *Los pastores del Betis*, de don Gonzalo de Saavedra (que apareció en 1633), no se volvió a escribir otra novela de este tipo, al menos que haya llegado a mi conocimiento. Pero en ese medio siglo largo de hegemonía el pastor adquiere total y absoluta carta de ciudadanía en las letras hispanas[33].

[33] Avalle-Arce, 1975, p. 13.

c5) Otros géneros narrativos[34]

La novela cortesana, enmarcada, de más difícil definición genérica por su heterogeneidad y variedad, aparece en el conjunto de bibliotecas con novela con diez títulos. *Los cigarrales* y *Deleitar aprovechando*, de Tirso, están presentes con un ejemplar, lo mismo que *Historias peregrinas*, de Céspedes; *Novelas amorosas*, de Camerino; *Jornadas alegres*, de Castillo Solórzano; *Noches de Navidad*, *Menandro* (Reyes). Pero de otras obras hay tres ejemplares: *Carnestolendas de Castilla*, de Lucas Hidalgo; y dos de *Noches de invierno*, de Eslava, y *Días del jardín*, de Cano.

La novela de aventuras, bizantina, viajes..., de difícil y compleja definición y clasificación (sólo por utilidad empleo estos marbetes genéricos aquí), está presente con ocho títulos. Una obra importante, como el *Persiles* de Cervantes, aparece con cinco ejemplares, lo mismo que una obra tan característica del género, como *Selva de aventuras*, de Contreras. De la importante obra de Lope de Vega, *Peregrino en su patria*, hay cuatro ejemplares, y dos de *Español Gerardo*, de Céspedes, y de *Los más fieles amantes Leucipe y Clitofonte*, de Diego Ágreda. Solamente un ejemplar de novelas que testimonian el peso del género, sin mayores aportaciones: *Amor con vista*, de Enríquez Zúñiga; *Hipólito y Aminta*, de Quintana, pero de *Argenis y Poliarco*, de Barclay, continuada por Pellicer, hay tres.

Sin una clara definición genérica encontramos cinco obras del prolífico Salas Barbadillo, que participan de la sátira de costumbres, burlas, galería de tipos, «costumbrismo»..., presentes cada una de ellas con un ejemplar: *El caballero puntual*; *El* sagaz *Estacio*; *La sabia Flora* (dialogada); *Don Diego de Noche*, *El juez de vidas ajenas* y *El curioso y sabio Alejandro*. A ello se acercaría la obra de Fernández de Ribera, *Mesón del mundo* (un ejemplar), que pone en solfa a los tipos que pasan por un mesón.

También un carácter heterogéneo, con mezcla de elementos pastoriles, caballerescos, moriscos tiene *Lisardo enamorado*, de Castillo Solórzano, que aparece en una biblioteca. Y no acierto a darle un marco genérico definido a la obra de Jerónimo de Covarrubias, *Los cinco libros intitulados la enamorada Elisea*, que aparece en una biblioteca.

Dentro de la novela corta, pero con el valor de la maestría cervantina, tenemos las *Novelas ejemplares* con cuatro ejemplares, pues no sé

[34] Ver *Relación de Inventarios*, pues no detallo en este caso.

qué alcance tienen las *Obras de Cervantes* que cita Astrana (61). Interesante es el caso de *Galateo español*, de L. Gracián Dantiso, destacadamente presente con siete ejemplares, que intercala novelas cortas, cuentecillos en un «manual de cortesía», como su propio título completo indica: *Galateo español. De lo que se debe hacer y guardar en la común conversación para ser bienquisto y amado de las gentes.*

Por fin, voy a referirme a dos obras maestras, únicas y fundamentales de la literatura española, cuya genial originalidad las sitúa por encima y al margen de los corsés genéricos: *Quijote* y *Celestina*. Con sus siete ejemplares no tiene el *Quijote* el puesto que corresponde a su genialidad, frente a las proporciones de otras obras que hemos visto hasta aquí (aparece un ejemplar del *Quijote* de Avellaneda). Pero los diez ejemplares de *Celestina* (no entro en el problema de género), el número más elevado de todas las obras consideradas, hace mayor justicia a la maestría impar de Fernando de Rojas, coincidiendo el canon de excelencia construido por la memoria histórica con la importancia en el Siglo de Oro. Por otra parte, de *Dorotea* (Lope de Vega) y *Cárcel de amor* (San Pedro) hay un ejemplar.

Como dije no entro en el resbaladizo e inabarcable campo de la lectura[35], ni en la relación con lo que estaba a la venta en las librerías de la época[36].

No se me oculta que cada uno de los géneros de prosa de ficción mencionados en este apartado requeriría una justificación teórica —y aun una valoración comparativa— pero no son las intenciones de este estudio, por lo que me sirvo, sin más, de los marbetes genéricos utilizados por la historia de la literatura.

c6) El cuento

Gran importancia tiene el cuento en su variedad de posibilidades, que van del cuento de tradición oral, patrimonio colectivo, al cuento escrito, aislado o incorporado a otras obras literarias, con una importante presencia en el teatro. Chevalier define y califica el cuento en sus distintas posibilidades:

[35] Ver notas 1 y 2 de capítulo I.

[36] Díez Borque, 2008a. Ver *Apéndice*.

> El cuentecillo oscila constantemente entre la facecia y el relato folklórico de tipo jocoso. A la facecia se asemeja por la brevedad: el meollo del cuentecillo es la frase chistosa —agudeza o bobada— con que concluye, y a la cual se reduce en ocasiones. Pero le aparta de la facecia una diferencia fundamental: cuando el autor de la facecia suele ser un personaje famoso o simplemente personaje bien definido, el que pronuncia la frase clave del cuentecillo se queda en el anonimato.
>
> [...]
>
> A partir de la frase jocosa no resultaba difícil a un escritor construir un diálogo breve. También era posible alargar el relato multiplicando las intervenciones de varios oyentes y retrasando su conclusión hasta darle las dimensiones de un breve episodio novelesco
>
> [...]
>
> El cuento novelado alcanza grado superior de elaboración. Los personajes salen del anonimato del relato folklórico para adquirir nombres y apellidos; crece su cantidad por aparecer al lado de los protagonistas unas figuras de menor categoría. Consecuencia de esta complicación es el enriquecimiento de los diálogos en que intervienen ya varios interlocutores.[37]

Pero lo que nos interesa aquí, en particular, en cuanto a la presencia de libros de cuentos en las bibliotecas, es el peso de la oralidad, como vimos en poesía y veremos, después, en teatro. Sobre ello afirma Chevalier:

> Paralelamente resulta evidente que en el Siglo de Oro el cuento tradicional todavía no ha venido a ser patrimonio exclusivo de las clases más humildes y de las regiones más rezagadas. Al contrario, los hombres cultos de la época demuestran conocer perfectamente los cuentecillos tradicionales. [...] Podemos afirmar que estos cuentos cundieron por todos los estados de la sociedad española de los siglos XVI y XVII. En aquella época todos los españoles, campesinos, artesanos, funcionarios, burgueses, clérigos y caballeros, poseen una cultura oral común, túnica sin costuras que ha de rasgar el Siglo de las Luces[38].

Es muy reducida la presencia de cuentos en las bibliotecas estudiadas. Dejando ahora aparte las bibliotecas del conde de Gondomar (35) y de Felipe IV (55) por las especiales características que ya sabemos, tenemos que de colecciones de cuentos españoles sólo aparecen: *Conde*

[37] Chevalier, 1982, pp. 37-39.

[38] Chevalier, 1978, p. 75.

Lucanor en dos bibliotecas (54, 63) y el *Patrañuelo*, de Timoneda, en la biblioteca del platero Arfe (5), lo que no sitúa, creo, ante el desbordante mundo del cuento oral transmitido de padres a hijos, como veíamos, y ante el significado del didactismo.

Destaca en el conjunto la importante presencia del gran fabulista griego Esopo, pero no de los latinos. Esopo aparece en once bibliotecas (7; 8; 20; 29; 34; 38; 39; 41; 45; 63; 64). Dato que se comentan por sí solo en cuanto a su importancia y relieve.

En las bibliotecas del conde de Gondomar (35) y Felipe IV (55) sigue ocupando Esopo un lugar importante, lo mismo que Timoneda y en la de Felipe IV curiosamente, encontramos *El conde Lucanor*, de Juan Manuel clasificado en el grupo de «Gobierno y estado».

c7) Novela (prosa de ficción) extranjera

En el conjunto de bibliotecas estudiadas es muy reducida la presencia de novela extranjera frente a la novela española de distintos géneros, como hemos visto, que es la que interesa particularmente aquí. Dejando aparte las bibliotecas del conde de Gondomar (35) y de Felipe IV (55), que veremos después por sus especiales características, tenemos que la prosa de ficción extranjera prácticamente se reduce a tres autores italianos tan importantes como Boccaccio, Sannazaro y Bandello, y no de forma destacada, como vamos a ver. El resto, excepto en las bibliotecas mencionadas, es irrelevante.

La obra de Boccaccio aparece en cuatro bibliotecas (16; 29; 51, 2 obras, 64). La de Bandello en tres bibliotecas (18; 34; 52); la de Sannazaro en tres bibliotecas (18; 31; 64). Barclay aparece en tres bibliotecas (36; 38; 55); Apuleyo en dos (39; 63) y, por fin, Zintio (34); Heliodoro (34); *Tratados de Lançelot* (26) (*cit.*); *Historias trágicas en francés* (52) en una biblioteca.

Es significativo que un autor de tanta influencia como Boccaccio ocupe el primer lugar, seguido de Sannazaro y Bandello, pero, como hemos visto, en muy reducida presencia en el conjunto de bibliotecas. Y de la novelística clásica, sólo el latino Apuleyo y el griego Heliodoro en una biblioteca, hay una presencia absolutamente irrelevante.

En las bibliotecas del conde de Gondomar (35) y del rey Felipe IV (55) encontramos, por supuesto, a los anteriores mencionados más arriba, pero hay, además, testimonios varios de novela italiana, francesa, griega..., que no aparecen en otras bibliotecas (véanse los dos inventarios), que nos muestran las muy especiales características de estas dos bibliotecas, sin que ello sea significativo, creo, para el conjunto, por lo que no lo detallo, como en otros casos.

6. LIBROS DE TEATRO EN LAS BIBLIOTECAS

a) Introducción

El teatro español del siglo XVII vivía y se hacía en los escenarios de corrales de comedias y coliseos y de otra gran variedad de espacios teatrales (calles, plazas, jardines, salones de palacios, habitaciones privadas de la realeza, conventos, colegios, etcétera)[1]. Pero el teatro se editaba, también, en *partes, sueltas*..., y además estaban los manuscritos del *poeta, autor de comedias*, etc. Si complejo es el problema del público en los distintos espacios de representación, en que hay posturas críticas encontradas, en las que no hace al caso entrar aquí, no lo es menos, aunque sea incitación apasionante, el problema de la recepción del teatro impreso. A todos nos gustaría que hubiera respuesta satisfactoria a preguntas, entre otras, tan importantes como ¿quién leía teatro?, ¿cuáles eran las relaciones entre lectura y representación?, ¿qué proporción ocupaban los libros de teatro en las bibliotecas?, ¿en qué medida condicionaban la clase social, el precio?, y tantas otras preguntas. Pero suele ocurrir que no haya respuesta a la altura del interés de las cuestiones. Por necesidad mis intenciones aquí son más limitadas, aunque algo pueda contribuir a las interrogaciones planteadas.

Para valorar el significado de la presencia del libro de teatro en las bibliotecas hay que considerar, como en los otros géneros estudiados, pero en el caso del teatro de forma especialmente relevante, el alcance y valor de la comunicación oral. Bennassar escribe al respecto:

> Sin lugar a dudas, el teatro español ha sido uno de los mejores agentes de relación entre la cultura popular y la cultura intelectual. Y ello por dos razones: en primer lugar, porque su público no tenía necesidad de saber leer y no se parecía en nada al del «hotel de Bourgogne» del siglo XVII. Todos

[1] Díez Borque, 1991; 2002, pp. 139-172.

> los testimonios concuerdan a este respecto: sea que se tratae de los corrales de comedias de Valladolid, los primeros en su género, como el de la puerta de Santiesteban, después el de Salcedo; sea que se trate del corral de comedias abierto en Madrid en 1568 y bautizado con el sobrenombre de El Sol, más tarde de los teatros de la Cruz y del Príncipe en el siglo XVII, o de teatros de las más reducidas ciudades, como el de Almagro [...] estos teatros acogían a un público muy heterogéneo en el que se codeaban los aristócratas, los letrados, los burgueses y el sector popular, los mosqueteros, que asistían al espectáculo de pie[2].

El lugar privilegiado y fundamental de difusión del *teatro* es el teatro y no el espacio privado de la biblioteca, que implica, además, en el caso del teatro español del Siglo de Oro, una heterogeneidad de públicos:

> La indiscutible heterogeneidad social dé los espectadores se vería compensada, sin embargo, por cierta homogeneidad cultural. Desde luego, la erudición de los ocupantes de los desvanes era muy superior a la de los mosqueteros, y no captaban los unos y los otros la misma comedia al mismo nivel de significado; pero la aceptación implícita, por parte de todos, de un modelo único de sociedad, y la existencia de un extenso fondo común folklórico-lingüístico (romancero, historia sacra, cuentos tradicionales, chistes, etc.) reduciría considerablemente las diferencias de origen social. Sin pretender, desde luego, que existía una identidad absoluta de la percepción teatral, se puede afirmar que en la determinación del sistema de relaciones entre escena y espectador intervenían criterios y limitaciones implícitamente aceptadas por todos[3].

Y como cultura oral es lugar de encuentro de distintos niveles culturales, sin que por ello la comedia resulte un híbrido cajón de sastre, como ya escribía en otra ocasión:

> Lope es plenamente consciente, como decía, de la existencia de varios públicos entre su público. Se trata de una escala cultural a la que busca satisfacer por distintos medios, pero quizá con una preferencia por el aplauso de los más cultos, sin olvidarse de los niveles más bajos. Se plantea la disyuntiva entre un sector culto y un sector popular:
>
> «[...] pues muchas veces se agradan de comedias indignas de ser oídas, y de otras, que están escritas maravillosamente, se están burlando; porque no

2 Bennassar, 1983, p. 226.

3 Serralta, 1983, pp. 679-680.

sé yo que haya mayor venganza de un sabio, que ver a un ignorante celebrar lo indigno y despreciar lo ingenioso y doctamente escrito» («Prólogo del teatro a los lectores»).

Descenderá a aspectos muy concretos y «técnicos», lo que nos demuestra que tenía muy claras las ideas sobre niveles de significación y era muy consciente de la presencia de los distintos estratos de público en la elaboración de sus comedias.[4]

Sin entrar aquí específicamente en cuestiones de lectura, a lo que, como dije, he renunciado, no dejaré de decir que ha de tenerse todo esto en cuenta a la hora de extraer conclusiones sobre la presencia de libros de teatro en las bibliotecas. Hay que contar, además, con las formas y medios de editar el teatro en la época.

Como es bien sabido, el teatro se editaba en *partes*, bien de un autor o de varios, con importantes problemas de autoría y fidelidad textual, bien estudiados por la crítica y en los que no hace al caso entrar aquí. Pero está, además, el mar océano de las *sueltas* que acrecientan todavía más los problemas para la crítica textual, en que investigadores como Germán Vega están intentando poner orden. Y para complicar las cosas van dándose a luz textos de autores de comedias (empresarios) que, como es sabido, eran los responsables de que funcionara día a día la gran maquinaria del teatro aurisecular, con las atribuciones literarias que les daba sobre el texto del poeta su condición de dueños del hecho teatral. Y, por supuesto, había manuscritos dramáticos, autógrafos o no, de los grandes dramaturgos del siglo XVII. Aparte de todo esto, claro, estaban las obras teatrales de autores latinos, griegos, extranjeros, con no reducida presencia, pero en los que no se plantean los mismos problemas que en las españolas, ni en la relación texto-escena, ni en los procedimientos de publicación. Hay que tener presente todo esto para comprender el alcance y significado que tiene la presencia de libros de teatro en las bibliotecas estudiadas aquí.

Aunque no sea pertinente entrar en las complejas cuestiones de *venalidad* del teatro frente a otros géneros literarios, como estudio en varios lugares[5], creo que puede contribuir también a comprender la redu-

[4] Díez Borque, 1996, pp. 50-51.

[5] Me ocupo de ello en mi estudio citado en nota seis y también en «Lope de Vega y los gustos del vulgo. Teoría, forma y función», pp. 37-63, además de varios trabajos en prensa, con motivo del cuarto centenario del *Arte nuevo*.

cida presencia de libros de teatro español del siglo XVII, el hecho de que para los dramaturgos del siglo el negocio estaba en las tablas. Lope vendía cada comedia por unos 500 reales —suma muy importante, como ya he investigado—[6], con lo que perdía los derechos que pasaban al autor de comedias (empresario director) que era el dueño del texto para impresión, aunque los dramaturgos se quejan de atentados a la fidelidad textual. Esto, cuando menos, significa unos mecanismos distintos de relación autor-libro, que en el caso de otros géneros literarios, aunque, como hemos visto, cada uno tiene sus características propias en este aspecto. Pero, claro, todo esto afecta a la emisión del texto y lo que interesa aquí es la recepción, la presencia en bibliotecas, aunque todo esté relacionado, obviamente.

b) Proporciones

Las 59 bibliotecas consideradas aquí abarcan cronológicamente todo el período estudiado y pertenecen a distintos estamentos sociales: rey, aristocracia (duques, condes, marqueses...), órdenes (caballeros de Santiago), cargos (protonotario, comisario del Santo Oficio, contador de resultas), profesionales liberales (arquitecto, ingeniero, maestro, artista), artesanos y «trabajadores» (agente de negocios, cerero, platero, mercader, guantero, carpintero, cordonero), gentes de hábitos. Hay, pues, todo un abanico social que refleja la pluralidad de estamentos del siglo XVII.

De las 65 bibliotecas no se da relación completa de libros existentes en ellas de seis. Considerando en consecuencia 59, tenemos el primer dato importante a considerar: en 36 no aparece ningún tipo de libro de teatro, es decir, un 61,01% y, además, en las que hay lo hace en proporción muy reducida, como veremos, excepto en la biblioteca de Felipe IV —y no mucho, como se verá— y en la del verdadero bibliófilo que fue el conde de Gondomar. Pero hay que tener presente que en la biblioteca real había más de 2000 libros y en la del conde de Gondomar más de 6471 libros, con lo cual, las proporciones de libros de teatro son significativamente reducidas, coherentemente con lo que ocurre en otras bibliotecas.

[6] Díez Borque, 1978.

Sin entrar aquí en debates que no hacen al caso, prescindiendo de la *Celestina* y de algunas obras que no he podido documentar y, en consecuencia, establecer una clasificación genérica, tenemos que obras teatrales aparecen en los inventarios de 23 bibliotecas (38,98%). Sólo en ocho (13,55%) (21; 31; 34; 35; 41; 45; 54; 55) hay teatro español, lo que supone una destacada presencia de teatro en otras lenguas como literatura dramática para la lectura, sin competencia ni relación con lo representado, pues suponen un 34,78 respecto a las bibliotecas con teatro.

El teatro latino aparece en catorce bibliotecas (6; 8; 9; 18; 20; 27; 29; 31; 35; 51; 54; 55; 57; 63), un 60,86% de las que tienen teatro; teatro italiano en ocho (34,78%); (31; 34; 35; 36; 48; 51; 55; 64); portugués en cinco (21,73%) (1; 34; 35; 44; 55); griego en tres (13,04%) (18; 35; 63).

Es importante conocer la presencia de libros de teatro en las bibliotecas estudiadas, pero no lo es menos, para conocer el peso real que tienen, valorar el número de ejemplares existentes y la proporción con respecto al número total de libros que integran cada biblioteca. Prescindo, como en otras ocasiones y ya he explicado, de las bibliotecas del conde de Gondomar (35) y de Felipe IV (55), por lo que cuento para las proporciones 21 bibliotecas con libros de teatro. En cuanto al número de obras de teatro tenemos los siguientes datos:

— Una sola obra de teatro: 1/6/8/9/20/27/36/41/45/48/57/64 (57,14%).
— Entre 2 y 5: 21/29 /31/44/51/54 (28,57%).
— Entre 6 y 10: 18/63 (9,52%).
— Más de diez: 34 (4,76%).

Y en cuanto a la proporción de los libros de teatro, con respecto al número total de los que integran la biblioteca:

— Inferior al 1%: 18 (0,40); 27 (0,14); 31 (0,49); 44 (0,95); 51 (0,75); 64 (0,65) (28,57%).
— 1 al 2%: 1 (1,72); 6 (1,85); 8 (1,11%) 20 (1,44); 21 (1,60); 29 (1,44); 36 (1,06), 41 (1,06); 45 (1,11); 57 (1,44); 63 (1,88) (52,38%).
— 2,01 al 4%: 9 (2,43); 48 (2,63) (9,52%).
— 4,01 al 9% y más: 34 (12,35); 54 (4,83) (9,52%).

Queda claro en lo que antecede que no sólo es reducida la presencia de libros de teatro en las bibliotecas estudiadas, sino que el número de libros tiene una limitada presencia, lo que da a los libros teatrales su verdadero alcance en las bibliotecas particulares del Siglo de Oro, frente a otras formas de comunicación teatral, como ya vimos.

c) Los dramaturgos

Encontramos a los comediógrafos latinos, Plauto y Terencio. Terencio está presente en once bibliotecas; (6; 8; 9; 18; 27; 29; 31; 35; 51; 55; 63) Plauto en seis (18; 29; 35; 54; 55; 63). Especial consideración merecen, en este sentido, las bibliotecas del conde de Gondomar (35) y del rey Felipe IV (55), porque en la primera hay seis ediciones de Terencio y tres en la segunda y tres ediciones de Plauto en la del rey Felipe IV. Otros autores latinos, como Séneca, aparecen en cuatro bibliotecas (18; 20; 57; 63); dos ediciones y un manuscrito en la del conde de Gondomar (35), y en la de Felipe IV (55).

Los grandes dramaturgos griegos aparecen en la gran biblioteca del conde de Gondomar: tres ediciones de Sófocles; dos de Eurípides y cuatro ediciones de Aristófanes. Y en otras dos (18; 63).

Teatro en portugués —dejando aparte el caso de Gil Vicente— hay en cinco bibliotecas, lo que es un hecho significativo. *Comedias en portugués*, *Comedias portuguesas*, sin más especificaciones, hay en la bibliotecas de la duquesa de Béjar (1) y en la del rey Felipe IV (55), pero encontramos, además, obras teatrales de Ferreira (34; 35; 55) Rodrigues Lobo (35; 44); Sa de Miranda (35); Noronha (35); Prestes, Camoens y otros (35).

Teatro italiano hay en ocho bibliotecas (31; 34; 35; 36; 48; 51; 55; 64). En la biblioteca de Montenegro (31) encontramos *Ocho comedias en italiano*; Ariosto y *Lacalandia* en la del conde de Benavente (51); y varias en la de Felipe IV (55), tragedias: la *Merope*, del Dolce; comedias: *Del amor constante;* del Porta. Pero especial atención y comentario merece la del conde de Gondomar (35) en la que encontramos más de *50* comedias y tragedias en italiano de multitud de autores como Ariosto, Dolce, Bozzi, Faroni, Porta, Centio, Bonarelli, Pazzi, Forzate, etc. Es decir, dramaturgos menos conocidos, lo que significa un gran conocimiento del teatro italiano por parte del conde de Gondomar.

Tras la constatación de la presencia importante de teatro extranjero, llegamos a lo que más nos interesa aquí, el teatro español. Hay que recordar las exiguas proporciones, ya apuntadas más arriba, de la presencia del teatro español, antes de analizar y valorar lo que hay. Aunque me resulte enojoso dar cifras y porcentajes —en los que no se me oculta que puede deslizarse algún error— me parece importante para que se tenga constancia de la muy reducida y escasa presencia de libros de teatro español en esta significativa muestra —a tenor de lo que hay— de bibliotecas particulares españolas del siglo XVII. Así tenemos no sólo el reducido número de bibliotecas en que aparece teatro español (8 de 23, como sabemos), sino la mínima presencia proporcional en ellas con respecto al número de libros en total, como vimos.

Salta a la vista un hecho rotundo y contundente: la no aparición de los dramaturgos del canon de excelencia del XVII (Guillén, Ruiz de Alarcón, Mescua, Tirso, Calderón, Moreto...), aunque ignoramos lo que pueda haber en esos ocho volúmenes de *Comedias de Lope de Vega y otros diferentes autores* (edición y manuscritos), de la biblioteca del conde de Gondomar (35), a que me referiré después. Sólo aparecen Cervantes, Lope de Vega, Pérez de Montalbán y Góngora, y en proporción muy reducida, como vamos a ver, excepto, una vez más, en la biblioteca del conde de Gondomar.

El teatro de Cervantes lo encontramos sólo en la biblioteca del conde de Gondomar (35) a no ser que el *Pedro de Urdemalas* de la biblioteca del contador González (54), pueda ser la obra cervantina, como apunta Prieto[7]. El de Góngora en la del Conde de Gondomar (35) y el de Pérez de Montalbán en la ya citada del contador González (54). Y nada más, exceptuando el caso de Lope.

El teatro del impar Lope de Vega solamente aparece de forma significativa en la excepcional biblioteca del conde de Gondomar (35) como diré, pues aparte de ella sólo está en la del rey Felipe IV (55) y en la de Tornamira (45), que también contaba con obras de ficción como *La Arcadia* de Lope, *Don Diego de noche*, de Salas Barbadillo, *Lisardo enamorado* de Castillo Solórzano. En la biblioteca del conde de Gondomar, pero ya sabemos las especiales circunstancias de ella, sí hay una presencia destacable, impresa y manuscrita, de las comedias de Lope (junto con otros dramaturgos sin especificar): dos ediciones y ocho volúmenes manuscritos de *Comedias de Lope de Vega y otros diferentes autores* y tiene, además, las *Rimas*, con el *Arte nuevo*. Por otra parte, resulta significativo el que en esta misma biblioteca encontremos el *Viaje entretenido* de Rojas; tan importante para la vida teatral. Y a esto se reduce el teatro espa-

[7] Prieto, 2004, p. 211.

ñol del siglo XVII en estas bibliotecas. Creo que no necesita más comentario por mi parte ahora, pero adelanto las diferencias, en este sentido, con el teatro del siglo XVI, que vamos a ver a continuación.

Encontramos la obra, en algunas ocasiones en varias bibliotecas, de los dramaturgos más importantes del siglo XVI, aunque siempre dentro de los cauces de la restringida presencia que conocemos y venimos viendo. Pero destaca también el que aparezcan autores y obras menos conocidos y que no forman parte del «canon de excelencia» del teatro del siglo XVI. Me parece un hecho significativo para la historia de la literatura dramática en cuanto a las diferencias de recepción en el pasado y hoy, y en cuanto a lectura-representación.

Solamente en cinco bibliotecas aparecen obras teatrales españolas del siglo XVI (31; 34; 35; 41; 55), y con más de un dramaturgo sólo en las del mercader Benito, conde de Gondomar y rey Felipe IV. Es curioso el caso de la biblioteca del mercader Benito por la destacada presencia de comedia y tragedia del XVI, junto a Naharro, y el hecho reseñable de que aparezcan varias ediciones de las tragedias de Bermúdez en una biblioteca de 89 libros. Por otra parte, como sabemos, las bibliotecas del conde de Gondomar y del rey Felipe IV, por sus características y número de libros, son las que más posibilidades tienen, pero, precisamente, el elevado número de libros reduce el valor significativo para el conjunto de la presencia de libros de teatro en ellas. Varias obras y autores del XVI sólo aparecen en una biblioteca: *Florisea* (34); *Selvagia* (34) (35); *Comedia de Preteo* (Ayllón) (35); *Primeras tragedias* (Silva) (44); *Tragicomedia de Lisandro* (35); *Dolería* (35); *Tragedias* (Bermúdez) (34) (pero con varias ediciones, como vimos) ¿Pedro de Urrea? (35). Importantes dramaturgos del XVI aparecen en dos bibliotecas: Encina (35, 55); Gil Vicente (35, 55); Rueda (35, dos obras, 55); Virués (35,55); Cueva, en tres (31, 35, 55, con dos ediciones en ésta). Por fin, un autor fundamental, como Naharro, aparece en tres bibliotecas (34, 35 dos ediciones, 55). Datos todos tan contundentes que no necesitan más comentario, aunque a ello volveré en el futuro.

Creo que la importante y destacada presencia de teatro latino e italiano es coherente con lo que ocurre en poesía, y no con novela, donde la presencia de la extranjera es exigua. Aparte del prestigio clásico e italiano, hay que tener presente, las características de difusión de teatro y poesía, con importantes «competencias» al libro, como vimos, frente a la novela que, a pesar de la oralidad, como se dijo, lleva más directamente a los terrenos propios del libro. De todos modos, no dejan de ser datos muy significativos la ausencia casi total de dramaturgos del canon de excelencia del XVII y el irrelevante peso en el conjunto de un Lope de Vega, a excepción de las bibliotecas del conde de Gondomar (35) y Felipe IV (55). Devuelve esto nuestra mirada a corrales, coliseos y otros espacios escénicos donde, día a día, se hacía realidad el teatro, y deja abiertas las puertas sobre el peso real de la lectura de teatro en el siglo XVII, las diferencias entre *partes*, *sueltas* y aun pliegos de cordel y otras funciones del texto teatral impreso, que no sólo eran las de lectura privada. Y al fondo una vez más los inabarcables terrenos de la oralidad.

7. BIBLIOGRAFÍA CITADA

(No entro en la bibliografía específica sobre las bibliotecas aquí analizadas.)

AVALLE ARCE, J. B., *La novela pastoril española*, Madrid, Istmo, 1975.

BENNASSAR, B., *La España del Siglo de Oro*, Barcelona, Crítica, 1983.

— «Los inventarios *post-mortem* y la historia de las mentalidades», en *La documentan notarial y la historia: Actas del II Coloquio de Metodología Histórica Aplicada*, Santiago de Compostela, Junta de Decanos de los Colegios Notariales/Universidad de Santiago, 1984, pp. 139-146.

BOUZA, F., *El libro y el cetro. La biblioteca de Felipe IV en la Torre Alta del Alcázar de Madrid*, Salamanca, IHL y L, 2005.

CAÑAS MURILLO, J., *Lazarillo de Tormes [Medina del Campo, 1554]*, Mérida, Junta de Extremadura, 1996.

CAYUELA, A., *Alonso Pérez de Montalbán. Un librero en el Madrid de los Austrias*, Madrid, Calambur, 2005.

CHEVALIER, M., «La Diana de Montemayor y su público en la España del siglo XVI», en *Creación y público en la literatura española*, ed. J. F. Botrel y S. Salaün, Madrid, Castalia, 1974, pp. 40-55.

— «Inventarios de bibliotecas particulares», en *Lectura y lectores en la España de los siglos XVI y XVII*, Madrid, Turner, 1976, pp. 31-36.

— *Folklore y literatura: el cuento oral en el Siglo de Oro*, Barcelona, Crítica, 1978.

— (ed.), *Cuentos españoles de los siglos XVI y XVII*, Madrid, Taurus, 1982.

— «Lecturas y lectores…, veinte años después», *BHi*, 99, 1, 1997, pp. 31-36.

CID, J. A., «El romancero oral hispánico. Una poética de la variación», en *Culturas en la Edad de Oro*, ed. J. M. Díez Borque, Madrid, Editorial Complutense, 1995, pp. 45-81.

CURTIUS, E. R., *Literatura europea y Edad Media latina*, México, FCE, 1976.

DADSON, T. J., *Libros, lectores y lecturas*, Madrid, Arco/Libros, 1998.

— «Las bibliotecas particulares en el Siglo de Oro», en *Historia de la edición y de la lectura en España 1472-1914*, ed. V. Infantes, F. Lopez, J. F. Botrel, Madrid, Fundación G. Sánchez Ruipérez, 2003, pp. 123-132.

De l'alphabetisation aux circuits du livre en Espagne, XVIe *et* XVIIe *siècles*, Paris, CNRS, 1987.

DELGADO, J., «Los catálogos de libreros y editores», en *Historia de la edición y de la lectura en España 1472-1914*, ed. V. Infantes, F. Lopez, J. Botrel, Madrid, Fundación G. Sánchez Ruipérez, 2003, pp. 787-820.

DÍEZ BORQUE, J. M., *Aspectos de la oposición caballero pastor en el primer teatro castellano*, Talence, Universitè de Bourdeaux, 1970.

— *Sociedad y teatro en la España de Lope de Vega*, Barcelona, A. Bosch, 1978.

— *Los géneros dramáticos en el siglo* XVI: *el teatro hasta Lope de Vega*, Madrid, Taurus, 1987.

— (ed.), *Espacios teatrales del barroco español: calle, iglesia, palacio, universidad*, Kassel, Reichenberger, 1991.

— *Verso e imagen en el barroco español*, Madrid, Comunidad de Madrid, 1993.

— «Literatura en la calle: Prosa y poesía en las paredes: pasquines del Siglo de Oro español (I)», *Bulletin of Hispanic Studies*, 72, 4, 1995a, pp. 365-384.

— (ed.), *Culturas en la Edad de Oro*, Madrid, Editorial Complutense, 1995b.

— *Teoría, forma y función del teatro español de los Siglos de Oro*, Palma de Mallorca, Olañeta, 1996.

— «Teatro español del siglo XVII: pluralidad de espacios, pluralidad de recepciones», en *El teatro del Siglo de Oro ante los espacios de la crítica. Encuentros y* revisiones, ed. E. García Santo-Tomás, Madrid/Frankfurt, Iberoamericana/Vervuert, 2002, pp. 139-172.

— «Novelas en bibliotecas españolas del Siglo de Oro (1600-1650) (III): Picaresca», en *Estudios para I. Resina, M. L. Pires, M. Vitalina Leal*, ed. I. Almeida, M. J. Rocheta y T. Amado, Lisboa, Universidad de Lisboa, 2007a, pp. 537-567

— «Bibliotecas y novela en el Siglo de Oro», *Hispanic Review*, 75, 2, 2007b, pp. 181-203.

— «Novelas a la venta en librerías españolas del Siglo de Oro (1600-1650)», *Bulletin hispanique*, 110, 1, 2008a, pp. 91-110.

— «Novela en bibliotecas españolas del Siglo de Oro (1600-1650) II, Pastoril», en *Arkadien in den romanischen Literaturen. Zu Ehren von Sebastian Neumeister zum 70. Geburtstag*, ed. R. Friedlein, G. Poppenberg y A. Volmer, Heidelberg, Universitätsverlag Winter, 2008b, pp. 189-213.

— «Libros de teatro en bibliotecas particulares del siglo XVII (1600-1650)», en *En buena compañía: estudios en honor de Luciano García Lorenzo*, J. Alvaréz Barrientos, O. Cornago, A. Madroñal, C. Menéndez Onrubia (eds.), Madrid, CSIC, 2009a, pp. 225-236.

— «Ocios de la nobleza: libros de teatro en sus bibliotecas (1600-1650)», en *El sabio y el ocio. Homenaje a Ch. Strosetzki*, M. Baxmeyer, M. Peters, U. Schaub (eds.), Tübingen, Gunter Narr Verlag, 2009b, pp. 325-338.

— «Libros de teatro en bibliotecas de 'clases trabajadoras' españolas», en *De Cervantes a Calderón: estudios sobre la literatura y el teatro español del Siglo de*

Oro. Homenaje al Profesor Kazimierz Sabik, K. Kumor (ed.), Varsovia, Universidad de Varsovia, 2009c, pp.325-338.

— «Libros de poesía en bibliotecas del Siglo de Oro (1600-1650)», *Revista de Filología Española*, XC, 1, 2010, pp. 107-136.

— «Novelas en bibliotecas particulares del Siglo de Oro» (I), en *Homenaje a G. Caravaggi*, Pavia, Università degli Studi di Pavia (prensa a).

— «Literatura en bibliotecas de autoridades y cargos públicos españoles en el siglo XVII (1600-1650)», en *Poder y saber: bibliotecas y bibliofilia en la época del Conde-Duque de Olivares* (prensa b).

— «Literatura en bibliotecas de "clases trabajadoras" (1600-1650)», en *Cultura oral, visual y escrita en la España de los Siglos de Oro* (prensa c).

EGIDO, A., «Temas y problemas del Barroco español, en *Historia y crítica de la literatura española, 3/I. Siglos de Oro: Barroco. Primer suplemento*, ed. F. Rico, Barcelona, Crítica, 1992, pp. 1-48.

EISENBERG, D. y Mª C. Marín Pina, *Bibliografía de los libros de caballerías castellanos*, Zaragoza, Prensas Universitarias, 2000.

ENCINA, J. del, *Poesía lírica y cancionero musical*, ed. R. O. Jones y C. R. Lee, Madrid, Castalia, 1990.

FRENK, M., «Lectores y oidores. La difusión oral de la literatura en el Siglo de Oro», en *Historia y Crítica de la literatura española 3/1. Siglos de Oro. Barroco. Primer suplemento*, ed. F. Rico, Barcelona, Crítica, 1992, pp. 49-55.

— «El cancionero oral», en *Culturas en la Edad de Oro*, ed. J. M. Díez Borque, Madrid, Editorial Complutense, 1995, pp. 83-96.

GARCÍA DE ENTERRÍA, M. C., «Pliegos de cordel, literaturas de ciego», en *Culturas en la edad de* oro, ed. J. M. Díez Borque, Madrid, Editorial Complutense, 1995, pp. 97-112.

HIGHET, G., *La Tradición Clásica. Influencias griegas y romanas en la literatura occidental* (2 vols.), México, FCE, 1978.

INFANTES, V., F. Lopez y J. F. Botrel (eds.), «Bibliografía: primera parte», en *Historia de la edición y de la lectura en España 1472-1914*, Madrid, Fundación G. Sánchez Ruipérez, 2003, pp. 787-820.

INFANTES, V., «Las ausencias en los inventarios de libros y de bibliotecas», *BHi*, 99,1, 1997, pp. 281-292.

— «La memoria de la biblioteca: el inventario», en *El escrito en el Siglo de Oro. Prácticas y representaciones. El libro antiguo español, V.*, dir. P. M. Cátedra, A. Redondo, M. L. López-Vidriero, ed. J. Guijarro, Salamanca/Paris, Universidad de Salamanca/Publications de la Sorbonne, SEHL, 1998, pp. 163-170.

JAURALDE POU, P., «El público y la realidad histórica de la Literatura Española de los siglos XVI y XVII», *Edad de oro*, 1, 1982, pp. 55-64.

— (dir.), *Catálogo de manuscritos con poesía en castellano de los siglos XVI y XVII*, Madrid, Arco Libros, 1998.

— *Poesía manuscrita. Manual de investigadores*, Madrid, Calambur, 2003.

KRÖMER, W., *Formas de la narración breve en las literaturas románticas hasta 1700*, Madrid, Gredos, 1979.

LASPÉRAS, M., «Chronique du livre espagnol. Inventaire de bibliothèques et documents de librairie dans le monde hispanique aux XVIe, XVIIe siècles», *Revue Française d'Histoire du Livre*, 28, 1980, pp. 535-557.

La culture des élites espagnoles à l'Époque Moderne, *BHi*, 97, 1, 1995.

La vida de *Lazarillo de Tormes*, ed. A. Blecua, Madrid, Castalia, 1972.

Le biblioteche private come paradigma bibliografico, Roma, Bulzoni, 2008.

Les livres des espagnols à l'Époque Moderne, *BHi*, 99, 1997.

Lisantes et lecteurs en Espagne XVe-XIXe siècle, *BHi*, 100, 2, 1998.

Livre et lecture en Espagne et en France sous l'Ancien Régime, Paris, A.D.P.R, 1981.

LÓPEZ ESTRADA, F., *Los libros de pastores en la literatura española*, Madrid, Gredos, 1974.

LÓPEZ ESTRADA, F., J. HUERTA y V. INFANTES, *Bibliografía de los libros de pastores en la literatura española*, Madrid, Universidad Complutense, 1984.

LORENZO PINAR, F. J. y F. FERRERO FERRERO, «Fuentes locales para el estudio del libro y de la lectura en Castilla en el siglo XVII: problemas y perspectivas de trabajo», *Signo*, 13, 2004, pp. 45-62.

LUCÍA MEGÍAS, J. M., *Imprenta y libros de caballerías*, Madrid, Ollero y Ramos, 2000.

LUCÍA MEGÍAS, J. M. y E. J. SALES DASÍ, *Libros de caballerías castellanos siglos XVI-XVII*, Madrid, Laberinto, 2008.

MANSO, C., *Don Diego Sarmiento de Acuña, conde de Gondomar (1567-1626). Erudito, mecenas y bibliófilo*, s. l., Xunta de Galicia, 1996.

MÁRQUEZ, A., *Literatura e Inquisición en España (1478-1834)*, Madrid, Taurus, 1980.

MOLL, J., «El impresor, el editor, el librero», en *Historia de la edición y de la lectura en España 1472-1914*, ed. V. Infantes, F. López-Jean y F. Botrel, Madrid, Fundación Germán Sánchez Ruipérez, 2003, pp. 77-84.

MONTE, A. del, *Itinerario de la novela picaresca española*, Barcelona, Lumen, 1971.

PEDRAZA, F. y M. RODRÍGUEZ, *Manual de literatura española III. Barroco: Introducción, prosa y poesía*, Tafalla, Cénlit Ediciones, 1980.

PEDRAZA, M. J., «Los estudios sobre inventarios y catálogos de bibliotecas en Aragón en la Edad Moderna», *BHi*, 99, 1, 1997, pp. 231-242.

— «Lector, lecturas, bibliotecas…: El inventario como fuente para su investigación literaria», *Anales de documentación*, 12, 1999, pp. 137-158.

PRIETO, J. M., *Lecturas y lectores. La cultura del impreso en el Madrid del Siglo de Oro (1550-1650)*, Mérida, ERE, 2004.

RICO, F. (ed.), *Historia y Crítica de la Literatura Española. Siglos de Oro: Barroco*, Barcelona, Crítica, 1983.

— *Historia y Crítica de la Literatura Española. Siglos de Oro: Barroco. Primer Suplemento*, Barcelona, Crítica, 1992.

RODRÍGUEZ MOÑINO, A., *Construcción, crítica y realidad histórica en la poesía española de los siglos XVI y XVII*, Madrid, Castalia, 1965.

ROJO, A., *Impresores, libreros y papeleros en Medina del Campo y Valladolid en el siglo XVII*, Valladolid, Consejería de Cultura, 1994.

RUIZ, P., «La lectura literaria, del ocio y de la información», en *Historia de la edición y de la lectura en España 1472-1914*, ed. V. Infantes, F. Lopez y J. F. Botrel, Madrid, Fundación Germán Sánchez Ruipérez, 2003, pp. 200-209.

SERRALTA, F., «La representación», en *Historia del teatro en España I. Edad Media. Siglo XVI. Siglo XVII*, dir. J. M. Díez Borque, Madrid, Taurus, 1983, pp. 654-655.

VELASCO, E., *Impresores y libreros en Zaragoza 1600-1650,* Zaragoza, Institución Fernando el Católico, 1998.

WARDROPPER, B. W., «Temas y problemas del Barroco español», en F. Rico, *Historia y Crítica de la Literatura Española, III, Siglos de Oro: Barroco*, Barcelona, Crítica, 1983, pp. 5-48.

WILSON, E. M., *Entre las jarchas y Cernuda*, Barcelona, Ariel, 1977.

Vida del Lazarillo de Tormes castigado o Lazarillo de la Inquisición, ed. G. Santonja, Madrid, Sociedad Estatal España Nuevo Milenio, 2000.

8. RELACIÓN DE INVENTARIOS DE LAS BIBLIOTECAS

a) Introducción y explicación

Ya me he referido en el capítulo dos a los problemas generales de las fuentes de información (y allí remito), pero conviene ahora hacer algunas puntualizaciones concretas antes de pasar a la relación de inventarios, con los libros literarios en cada uno de ellos.

En poesía, sólo doy autor, (apellido, excepto cuando plantea dudas), entre interrogaciones cuando puede haber más obras con ese título, utilizando, en general, las identificaciones que proponen los editores de los inventarios. No hago distinción entre lengua original y traducción, y no incluyo aquí cuando el original es en prosa. De cada autor doy el número de veces que aparece su obra en cada biblioteca, entre paréntesis, título cuando no aparece o no se ha identificado al autor y, entre paréntesis, cuando es del caso, la posible autoría. En novela doy título y autor, y en teatro autor sólo o autor y obra, utilizando, cuando es del caso, las identificaciones de los editores de los inventarios. Por las razones conocidas, en los inventarios 35 y 55 sigo criterios particulares.

En los inventarios 35 (conde de Gondomar) y 55 (Felipe IV) sigo los epígrafes de las clasificaciones y las identificaciones de los editores, pero sitúo en su lugar, en general, según la lengua original, aunque aparezcan en otro apartado, indicando con asterisco las dudas, prescindiendo de los que no ha sido posible identificar el género, y, en alguna ocasión, incluyendo en dos géneros, pero puede haber problemas por las clasificaciones, miles de libros, identificaciones, etc. En estos dos inventarios separo novela española y novela extranjera, sin dar la relación completa de ésta, habida cuenta de los géneros que interesan, específicamente, en este estudio.

No tomo en consideración, en el conjunto, salmos, letanías, cánones litúrgicos, libros de música, aforismos, ni cuando de un autor sólo se mencionan «obras», como en Covarrubias, Policiano, Ateneo, Orozco, etcétera.

Excluyo, por problemas de identificación, adscripción genérica, dudas..., una serie de autores y obras (indico título cuando no figura el autor): Coloma (4). *Silva de varios autores*; *Floresta española* (6). Álvarez (7). Saldaña; Camilo (8). Baptista; Tintelman; Soria; Ioachim; *Virgilio sobre Antonio de Nebrija* (18). Hermosilla; *El Pelayo; Fábula de Adonis; Lucrecia Morena* (21). *Biblioteca Hispánica*; Picrio (25). *La historia troyana; Silva nupcial* (29). Ojea (30). Oviedo de Anguilano; Laçon; Olivia de Saúco; Galiçio (31). *Tirses y Tirseo*; Guzmán; *Diálogos de amor de Dorida* (34). Pasquino (36). Velázquez; Mártires; Villava; Álvarez; Vega; *Historia de San Isidro*; Pérez de Herrera (38). Hernández Blasco; Alexio Piamonte (41). Céspedes; *Historia del rey Don Rodrigo; Milagros de Nuestra Señora; Las nueve peñas* (43). Padilla (45). Zamora (46). *Fábula pastoril*; *Arte del Antonio*; *Discreción del teatro del cielo* (48). *Tragedia de Europa*; Miranda; *Mayante de la muerte de Orlando; Orfeo en griego; Fábulas del Pronario; Prólogo de la primera epístola de Ovidio; Pelea de Acteón y Hércules*; Petrarca espiritual (51). Matheo; Villalba (54). *Fiestas de Lerma* (56). Poggio florentino (59). *Poliantea*; Sidonio Apolinar; Ortelio; Erici Puteani; Pontano; Filostrato; Mateo; Céspedes; Ateneo; Espinosa; Hermani Hugon (63). Boccalini (64). En el caso de los inventarios 35 y 55 lo indico con asterisco, como se dijo.

Hay que tener muy presente todo lo que se dice en el capítulo dos, en especial lo que concierne a título-libro-registro. En particular, cuando un título son varios volúmenes se cuenta como uno y cuando en un mismo volumen aparece la obra de varios poetas se computan individualmente. Pero, además, a la hora de indicar el número de libros en cada biblioteca (excepto en alguna ocasión en que no ha sido posible) hay que tener muy presente todo lo que se dice en el mencionado capítulo dos, especialmente en lo que se refiere a repeticiones, inclusión, en algún caso, de varios libros bajo una misma entrada, indeterminaciones, etc. Quizá la denominación de *registro* hubiera sido más adecuada que la de *libro*, pero he preferido ésta última, a pesar de los problemas y de que plantee dificultades en el grado de exactitud.

b) Relación

1 (1602) —«Brianda de la Cerda y Sarmiento. Duquesa de Béjar», Dadson, Trevor J., *Libros, lectores y lecturas*, Madrid, Arco/Libros, 1998, pp. 424-431.
—58 libros
Poesía: Virgilio
Ovidio
Lucano
Novela: *Cristalián de España* (B. Bernal)
Teatro: *Comedia en portugués*

2 (1602) —«El gusto por la historia: la biblioteca de don Álvaro de Córdoba [...]», Prieto Bernabé, José M., *Lecturas y lectores. La cultura del impreso en el Madrid del Siglo de Oro (1550-1650)*, Mérida, ERE, 2004, II, pp. 69-73.
—27 libros

3 (1602) —«Disociación entre lecturas y actividad laboral. Magno Lucenberg, agente de negocios de los Fúcares, [...]», Prieto Bernabé, José M., *Lecturas*, pp. 315-318.
—24 libros
Poesía: Virgilio
Ercilla
Novela: *Amadís de Gaula*, en francés

4 (1602) —«Lecturas tradicionales en la biblioteca de Pedro García Carrero, cerero [...]», Prieto Bernabé, José M., *Lecturas*, pp. 382-386.
—36 libros
Novela: *Enrique fi de Oliva*

5 (1603) —«El platero Juan de Arfe y Villagarcía y el inventario de sus bienes», Barrio Moya, J. L., *Anales del Instituto de Estudios Madrileños*, 19 (1982), pp. 30-31.
—23 libros
Poesía: Ovidio (2)
Novela: *Patrañuelo* (J. de Timoneda)

6 (1604) —«Dos Antonios de Segura y la librería de Antonio de Sigura», Astrana Marín, Luis, *Vida ejemplar y heroica de Miguel de Cervantes […]*, Madrid, Instituto Editorial Reus, 1958, VII, pp. 792-793.
—54 libros

Poesía: Lope de Vega
Garcilaso de la Vega
Ovidio (4)
Alciato
Virgilio
Guajardo
B. Tasso

Novela: *Arcadia* (Lope de Vega)
Selva de aventuras (J. de Contreras)
2ª Parte del caballero Asisio (Fray Gabriel de Mata) (verso)
Galateo español (L. Gracián Dantisco)

Teatro: *Terencio en romance*

7 (1604) —«Alonso de Barros (1604)», Dadson, Trevor J., *Libros*, pp. 369-383.
—151 libros:

Poesía: Petrarca (3)
Pérez de Guzmán
Libro de los cuatro cantos (Fuentes)
Glosa sobre las Trescientas de Juan de Mena
Silvestre
Ovidio
Virgilio
Lucano

Novela: *Pastor de Fílida* (L. Gálvez de Montalvo)
Celestina (F. de Rojas)
Los diez libros de fortuna de amor (A. de Lo Frasso)
Esopo

8 (1604) —«Los libros de Bernardino de Mendoza (1540 [41]-1604)», Laspéras, Jean-Michel. *Bulletin Hispanique*, 99, 1997, pp. 25-39.
—87 +3 libros

Poesía: Virgilio (2)
Lucano (2)

Marcial (2)
Obras y hazañas de Bernardo del Carpio (¿Valbuena o Alonso?)
Horacio
Illustrium poetarum
Poemata Sacra
Romanceros (2)
Romances nuevos (Flores)
T. Tasso
Poetas griegos en latín
Caballero determinado
Aldana

Novela: *Arcadia* (Sannazaro)
Esopo

Teatro: Terencio

9 (1605) —«Antonia de Ulloa, condesa de Salinas (1605)», Dadson, Trevor J. *Libros*, pp. 431-436.
—41 libros
Poesía: Romances
Teatro: Terencio

10 (1607) —«La biblioteca del canónigo zaragozano Pedro Arguedes» (A. Borrás Feliú, «Fundación del Colegio de la Compañía de Jesús en Huesca [1595-1625]»), *Hispania Sacra*, XXXII, 1980, pp. 59-87.
—No da inventario

11 (1607) —«El pintor Luis de Carvajal y el inventario de sus bienes», Barrio Moya, J. L., *Boletín del Seminario de Estudios de Arte y Arqueología*, 48, 1982, pp. 414-420.
—11 + 25 libros

12 (1609) —«Libros e instrumentos de música en inventarios post-mortem del Siglo de Oro español: el caso de don Juan de Borja (1607)», Dadson, Trevor J., *Pliegos de Bibliofilia*, 14 (2° trimestre 2001), pp. 3-18.
—34 libros (varios registros incluyen varios libros)

13 (1609) —«Libros y libreros en Murcia según los protocolos del siglo XVII», [Pedro Monte, abogado], Pascual Martínez, Lope (de), en *El libro antiguo español*, II, ed. M. L. López Vidriero-P. M. Cátedra, Salamanca. BNM —SEHL, 1992, pp. 163-175.
—16 libros (para varios cuerpos y uno colectivo)

14 (1609) —«Una biblioteca fuertemente secularizada: la de Alonso Carrión, platero de oro [...]», Prieto Bernabé, José M., *Lecturas*, pp. 375-380.
—54 libros
Poesía: Marcial
Lucano
Fuentes
Alciato (2)
Virgilio
Ovidio (2)
Rufo
Horacio
Flores poetarum
Micael poeta
Juvenal
Novela: *Amadís de Gaula*
Celestina (F. de Rojas)
Galateo español-Lazarillo castigado (L. Gracián Dantisco)

15 (1609) —«La biblioteca del bordador Daniel Rutierier [...]», Prieto Bernabé, José M., *Lecturas*, pp. 380-382.
—19 libros
Poesía: Covarrubias
Aníbal Caro

16 (1610) —«Francisco Arias Dávila y Bobadilla, IV conde de Puñonrostro (1610)», Dadson, Trevor J., *Libros*, pp. 342-357.
—182 libros
Poesía: Ariosto
Ger[oni]mo Savorgano en italiano
Alciato

Reglas de milicia en verso y romance
Lucano
Petrarca
Novela: *Lepolemo* (A. de Salazar)
Boccaccio en italiano

17 (1611) —«Los libros de Bernardino de Villafranca, platero de oro [...]», Prieto Bernabé, José M., *Lecturas*, pp. 430-434.
—43 libros

18 (1611) —«El inventario de las bibliotecas de San Juan de Ribera en 1611», Cárcel, Vicente, *Analecta Sacra Tarraconensia*, XXXIX, 1966, pp. 319-379.
—1990 libros (en algún registro varios)
Poesía: Covarrubias
Ausiàs March
Homero (2)
Virgilio (2)
Octavianum Mirandulam
Poete cristiani
Alciato
Carmina Salmoni Marciani
Lucano
Horacio
Petrarca
Orozco
Epigramatum graecorum
Valerio Flaco
Catulo-Libulli-Propercio
Opera poetarum (Iacobi Fero)
Novela: *Historias trágicas* (Bandello)
Teatro: Séneca (4)
Aristófanes
Plauto (2)
Terencio

19 (1612) —«La librería de Oliverio Danes, capellán de Felipe III (1612)», Barrio Moya, J. L., *Cuadernos de Bibliofilia*, 14, 1987, pp. 63-68.
—51 libros
Poesía: Virgilio

20 (1613) —«La librería del arquitecto Juan Gómez de Mora» («Documentos para la biografía de Juan Gómez de Mora»), Agulló y Cobo, M., *Anales del Instituto de Estudios Madrileños*, 9, 1973, pp. 64-66.
—69 libros
Poesía: Virgilio
Heroni Alexandrino (4)
Romancero
Novela: *Galateo y Lazarillo castigado* (L. Gracián Dantisco)
Hija de Celestina (A. J. de Salas Barbadillo)
Fábulas de Esopo
Teatro: *Obras* de Séneca

21 (1608, inventario; 1613 muerte) —«La biblioteca manuscrita del condestable Juan Fernández de Velasco (+1613)», Andrés, Gregorio de, *Cuadernos bibliográficos*, 40, 1980, pp. 5-22.
—187 libros
Poesía: Petrarca (4)
Ovidio
Horacio
Carmina ad diversos
Dante (3)
Versos en lengua portuguesa
Virgilio
Frebuno
Catulo-Propercio-Tibulo
Prudencio
Teatro: *Tragedia de Tulia*
Cinco mascaradas
Comedia de A. Usomarill

22 (1614) —«La biblioteca del arzobispo Hernando Arias de Ugarte: bagaje intelectual de un prelado criollo (1614)», Hampe-Martínez, T., *Thesaurus*, 42, 1987, pp. 337-361.

—417 libros
Poesía: Lope de Vega

23 (1616) —«Licenciado Pérez de Aracil, del Consejo del Rey» («Obras de Cervantes en bibliotecas del siglo XVII y su tasación»), Astrana Marín, Luis, *Vida*, p. 794.
—No da inventario completo
Poesía: *Viaje del Parnaso* (Cervantes)

24 (1616) —«Ana Piñeiro Manrique, III condesa de Puñonrostro (1589-1616)», Dadson, Trevor J., *Libros.*, pp. 438-450.
—126 libros (incluye dote, 1589 e inventario, 1616)

25 (1616) —«La librería del obispo José González Díaz de Villalobos», Barrio Moya, J. L., *Hispania Sacra* XLIII, 87, 1991, pp. 329-341.
—c. 183 libros (varios tomos)

26 (1618) —«El arcediano de Cuenca D. Luis de Castilla (+1618) protector del Greco y su biblioteca manuscrita», Andrés, Gregorio de, *Hispania Sacra*, XXXV, 1983, pp. 87-141.
—434 manuscritos («quince cuerpos, sin identificar, que, entre otras materias, incluyen las bellas letras», p. 129)
Poesía: Mena
Miscelanea poematum diversorum
Tibulo
Catulo y Propercio
Catonis et aliorum carmina moralia
Flores et sententiae (Catonis, Teognis, Aliorum)
Novela: *Libro de caballería en portugués*
Tratados diversos de Lançelot francés

27 (1618) —«Un regidor madrileño instruido en leyes: la biblioteca de Francisco de Peralta», Guerrero Mayllo, A., *Espacio, Tiempo y Forma, Serie IV, Historia Moderna*, V, 1992, pp. 71-96.
—700 libros (1175 volúmenes) (p. 74)
Poesía: Ovidio (2)
Propercio
Catulo y Tibulo

Juvenal
Teatro: Terencio

28 (1618) —«Pedro Ocón, canónigo de Toledo», Astrana Marín, Luis, *Vida*, p. 795.
—No da inventario completo
Novela: *Persiles y novelas* (Cervantes)

29 (1621) —«Biblioteca del protonotario Agustín de Villanueva», Saltillo, Marqués del, «Bibliotecas, libreros e impresores madrileños del siglo xvii», *RABM*, LIV, 1948, pp. 257-260.
—138 libros
Poesía: Virgilio (2)
Ovidio
Justa poética de la Concepción
Petrarca
Juan de la Cruz
Ausonio
Novela: *Novelas* de Boccaccio
Esopo
Teatro: *Comedias* de Plauto
Obras de Terencio

30 (1621) —«Libros de Pedro de Párraga», Saltillo, Marqués del, «Bibliotecas», pp. 261-263.
—c. 87 libros
Poesía: Covarrubias
Oña
Valdivielso
Novela: *Policisne de Boecia* (J. de Silva)
Sergas de Esplandián (G. Rodríguez de Montalvo)
Guzmán de Alfarache (Mateo Alemán)
Celestina (F. de Rojas)

31 (1621) —«Juan Bautista de Monegro, su biblioteca y 'De divina proportione'», Marías, Fernando, *Boletín de la Real Academia de Bellas Artes de San Fernando*, 53, 1980, pp. 91-117.
—610 libros (p. 92)

—«6% libros literarios o de entretenimiento, poesía, teatro, novela, épica» (p. 93)

Poesía: Horacio (2)
Dante (2)
T. Tasso (4)
Ovidio (4)
Virgilio (4)
Ariosto (2)
Petrarca
Mena
Celo en italiano
Cueva
Virués
Villalobos
Ausiàs March
Sannazaro
Estanci di diversi poeti italiani
Boiardo
Herrera
Garcilaso

Novela: *Arcadia* de Sannazaro
Arcadia de Salazar

Teatro: *Ocho comedias en italiano*
Obras de Juan de la Cueva
Terencio en latín y romance

32 (1622) —«Una colección con pretensiones intelectuales: la de don Fernando Pacheco, caballero de la Orden de Calatrava [...]», Prieto Bernabé, José M., *Lecturas*, pp. 61-68.
—69 libros
Poesía: Lope de Vega
Juan de la Cruz

33 (1622) —«Libros del marqués de Celada», Astrana Marín, Luis, «Obras de Cervantes...», *Vida*, p. 795.
—No da inventario completo
—*Quijote* (Cervantes)

34 (1622) —«Entretenimiento y vocación intelectual a través de la lectura. Andrés Benito, mercader portugués [...]», Prieto Bernabé, José M., *Lecturas*, pp. 318-327.

—89 libros

Poesía: Sa de Miranda
Estaza
Bernardes
Camoens
Petrarca (2)
Alciato
Ledesma
Montemayor (2)
Virgilio
Íñigo de Mendoza
Espinel
Ausiàs March
Boiardo
Dante
Ariosto
Barros

Novela: *Guzmán de Alfarache* (Mateo Alemán)
Celestina (F. de Rojas)
Los diez libros de fortuna de amor (A. de Lo Frasso)
Diana (J. de Montemayor)
Selva de aventuras (J. de Contreras)
«*Otra selva de aventuras*» (?)
Lazarillo de Tormes (D. Hurtado de Mendoza)
Carnestolendas de Castilla (G. Lucas Hidalgo)
Esopo
Las ciento novelas de Giraldo Zintio
Historias trágicas (¿Bandello?)
Teágenes y Cariclea (Heliodoro)

Teatro: *Comedia Florinea* (J. Rodríguez Florián)
Comedia Selvagia (A. de Villegas)
Comedia Eufrosina (J. Ferreira)
Primeras tragedias (J. Bermúdez) (3 ediciones)
Propalladia (B. Torres Naharro)
El pastor Fido, Tragicomedia (Guarini)

Tragedias españolas (A. de Silva) (Bermúdez) (2)
Nise laureada, (Bermúdez)

35 (1623) —«Inventario de la librería del conde de Gondomar», Manso Porto, Carmen, *Don Diego Sarmiento de Acuña, conde de Gondomar (1567-1626). Erudito, mecenas y bibliófilo*, s. l., Xunta de Galicia, MCMXCVI, pp. 415-636.
—Más de 6471 libros (p. 417)
Poesía: *I Libros de poesía griega*
Homero (6)
Homero y Hesíodo
*Synesii episcopi Cirensis
Teognidis, Hesíodo, Teócrito
Teognidis, Pitágoras, Focílides
Theognidis, Pytagorae, Phocilidae et caetorum carmina
Teócrito (2)
Florilegium diversorum epigrammatum in septem libris
Apolonio de Rodas
Píndaro
Píndaro con Calimaco himno
Gregorio Nacianceno
II Libros de poesía latina
Virgilio (13)
Horacio (8)
Ovidio (15)
Lucano (3)
Juvenal (4)
*J.F. Quintiani
Alberti de Eyb
Marcial (3)
Corpus omnium veterum poetarum latinorum
Juvenal y Aulio Persio
*Papini Statii
*C. Lucelio Syessani
Horacio, Juvenal y Persio
Valerio Flaco, *Argonauticon libri*
*Jerónimo Vidau
*Merlini Cocaii

*Joanis Felicis
*Fulvio Ursino
Horacio cum animadversionibus
*Juan Verzosa
Ausonio (3)
*Silii Italici
Aulio Persio Flaco
Capiluporum carmina
Aloysii Mormillis
*Ramirus
Latini
*Sparke et Centellis
Damiani
Frischlini
*Hillessemii
Gohaei
Gellii
De nuptiis comitis Palatini cum Elisabetha
Jacobi regis Angliae filia, poema
**Academia conimbricensis*
Lupecii de Hoyos
*Bartolini
Barclaii
Majeri
Rollenhagii
*Sancti Orientii
Nunnii
*Garlandia
*Biffi
*Casae
Quaerengi
Prudencio (2)
*Solli Sidanl(ii) Apollinaris
Pisani
*Toletani
Gemmae
Falconis
*Capyeii

*Reusneri,
Carmina quinque ilustrium poetarum
*Terentii Flores
Borbonii
**Publica laetitia sodalitatis B. M. Virginis*
*Barclaii
*Herrerae
Vilchii
*Roscii Hortini
Claudian
Juvenalis et Persii
**Silius Italicus de secundo bello punico* (2)
*Drurei
*Mantuani
*Faerni
*Natalis
**Mythologici latini omnes recensuit Hieronymus Commelinus.*

III Libros de poesía castellana
Romancero general (Flores)
Urrea
Las quatrocientas respuestas (Escobar)
*Fernández de Villegas
Mena (5)
Enzina
Pérez de Herrera
Carrillo y Sotomayor
*Borja
Martínez
Cayrasco (2)
Hojeda
Lope de Vega (6)
*Hernández Blasco
Covarrubias
Orozco
Mendoza (2)
Cancionero general (Hernando del Castillo)
López de Mendoza (2)

Primera parte de las flores de poetas ilustres de España (Espinosa)
*Soares
* *Verdadero entretenimiento del christiano*
Pelegrín
Jorge Manrique (2)
Bonilla
*González de la Torre
*Gómez
*Garrido de Villena
*Zamora
*Castellanos
*Molina
*Adame de Montemayor
*Quirós
Zapata (2)
Herrera
2ª parte del Romancero general (M. de Madrigal)
Montemayor (3)
**Estaciones del christiano*
Romero de Cepeda
Acuña
El cauallero determinado (Marche; trad. Acuña)
Barahona de Soto
*Povoas
*Camargo
*Villalba
*Bravo
López de Úbeda (2)
Jáuregui
Barros (2)
*Sánchez Galindo
Padilla (3)
Toledano
Ledesma
Espinel
Cantoral
Salas

*Suares de Chávez
Soto
*Andrada
Archimusa de varias rimas y efectos
*Guzmán
Virués (2)
*Solorzeno
*Savariego
Valbuena
*Almendáriz
Castillejo
*Contreras
*López de Corelas
Ercilla (4)
Oña
Valdiuielso
Rufo
*Sancta María
*Liaño
Gómez d'Oliveira
Lasso de la Vega
Romero de Cepeda
Boscán y Garcilaso de la Vega
*Hurtado de Mendoza
*Vargas Manrique
Primera parte del tesoro de divina poesía, recopilado por Esteban de Villalobos
Ausiàs March (2)
Damián de Vega
*Segura
**Historia del Cid Ruy Díez de Biuar* (Recopilada por Juan de Escobar)
Villegas
*Méndez de Vasconcellos
*Aguilar
*Santisteban
*Heredia
*Escobar

Suárez de Figueroa
Fuentes
Aldana
*Sans
*González del Torneo
*Alarcón
*Martínez
Corte Real
*Mata
Bonilla
Cancionero general
Vezilla
Enzinas
*Cortés
*Soto
Cervantes
*Reyes
*Cueva
Mesa (2)
*Díez
Silva de varios romances
Garcilaso
Pinciano
Saavedra Guzmán
*Dessi
Romancero historiado (L. Rodríguez)
Cancionero de romances
Cueva (3)
Coloma
*González de la Torre
Medinilla
Padilla
Arbolanche
*Suárez de Chaves
*Ponce
Romances sacados de la Crónica d'España (Sepúlveda)
López de Zárate
Piño

1ª parte del Romancero historiado (Segura)
★Girón y de Rebolledo
Castilla
★Guzmán
★*Los memorables dichos y sentencias de varios philósophos y oradores*
Cosme de Aldana.

IV Libros de poesía portuguesa
Cancioneiro geral
Cancioneiro geral (García de Resende)
Rodrigues Lobo (5)
★*Successo do segundo cerco de Diu*
★Corte Real;
Ferreira
Camoens (6)
Bernardez (3)
Diaz
Sáa Souto Mayor
Sáa Miranda (2)
Dandrada
Mousinho (2)
Álvarez de Oriente
★López.

V Libros de poesía italiana
★Ceba
Dante (2)
Ariosto (8)
★Brusantino
B. Tasso (2)
Sarrocchi
★*Discrittione d'alcune isole*
★dell'Uva
★*Le sententiose imprese et dialogo del Symeone*
Mazzone
★*El valeroso Bobo di Antona*
★*Il libro vulgare detto La Spagna*
★Cesare de Solis
★*Inamoramento de re Carlo*

Pulci Florentino
**Aspramonte: tratta de lo avenimento de Orlando*
M. Ludovico Dolce (3)
**Tempio fabricato da diversi coltissimi ingegni*
**Bobo d'Antona*
*Menechini
**Inamoramento de Rinaldo de Monte Albano*
**Libro 3 et ultimo dell'namoramento di Lancilotto Ginebra*
*Giovio
*Scandianese
*Dragoncino
Farfarano
*Spensa
*Caputti
*Scrigni
Cacciaimici
*Fratta
*Teluccini
*Botero
Pasqualigo
**La historia de Melon e Berta*
Fiamina
T. Tasso (6)
Petrarca (8)
*Cornazano
*Baiardo
*Ciecho da Ferrara
Pitocco
**Le rare imagini delle honorate signore napolitane*
Alemanni
*Marina
Raccolta d'orationi et rime diversi
Caporal
Colonva
Terracina y Tullia di Aragona
Terracina
**L'istesso discorso con l'amorosi ragionamenti*: tradotto per Ludovico Dolce d'uno anticho greco
Lionardo

Rinaldi
Tromba
*Cerboni
Nuova scelta di rime di diversi ingegnii
Casa
*Gatti
**Il primo libro dello inamoramento di Messer Tristano et di Madonna Isotta*
Prima parte delle stanze di diversi ilustri poeti. Raccolte da Ludovico Dolce
*Camilli
*Aquilano
Politiano
Comanini
*Antonisso
Cei Fiorentino
*Troiano
Alciato (3)
Boyardo
Sannazaro
Giraldi.

VI Libros de poesía, comedias, e historias fabulosas

Libro de poesías diferentes
Varias poesías en la muerte de don Felippe 2º
Poesías diferentes (5)
Poesías de diferentes autores (5)
Álvar Gómez (2)
Góngora
**Libro de cantos y tonos diferentes*
*Lope de Salinas
Poesías diferentes en romance e italiano
Penagos
Fray Luis de León
Poesías (2)
**Empresas, motes y dichos que se hicieron en Nápoles en la vigilia de san Juan Baptista*
**Libro de casos impensados y particularmen<te> acaescidos en Turquía*

**Glossa del Pater Noster*, de Silvestre
*Phrigio
Cetinas
Libro de poesías, llámase *Arca de Noé*
Poesías diferentes impressas y de mano
Libro de redondillas espirituales
**Galera armada de los inconvenientes de la vida*
Los doce signos del Zodiaco
*Cabredo
**Historia del rey de Inglaterra Perséfores y Gadífer, su hermano.*

VII Libros de de ciencias y cosas diferentes
Pierii

VIII Libros de ritratos
Georgii

IX Ritratos y figuras
Historie et poesie raccolte da disegni di scultori et pittori

X Libro de varias ciencias
Valerian

XI Libros de mano en latín
Paraphasis (sic) poética in Sacram Scripturam
Liber variorum poematum
Naldii
Poemata in laudem Clementis Papae
Mampollo

XII Libros de mano en italiano
Raccolta di poesie diverse
Trayna

XIII Memoria de los libros prohibidos
Sátira menipea

XIV Historias fabulosas. Italiano
Magagnati
Cornelio Gratiano

XV Libros de caballería y poesía. Francés
Meschinot

XVI Libros de diferentes ciencias y otras cosas varias
Núñez.

Novela española: *Carnestolendas de Castilla* (G. Lucas Hidalgo)
Días del jardín (A. Cano)
Noches de Invierno (A. de Eslava)
Arcadia (Lope de Vega)
Pastores de Belén (Lope de Vega)
Peregrino en su patria (Lope de Vega)
La ingeniosa Elena (A. J. de Salas Barbadillo)
Palmerín de Inglaterra (F. de Morales)
Cristalián (B. Bernal)
Palmerín de Olivia (¿F. Vázquez?)
Tercera y 4ª parte de don Belianis de Grecia (J. Fernández)
Libro primero y 2º de don Belianis de Grecia (J. Fernández)
Primera parte de Taurismundo
Primaleón (¿F. Vázquez?)
Floris el de Niquea (F. de Silva)
Tercera parte de Floris el de Niquea (F. de Silva)
Don Quijote de la Mancha (M. de Cervantes)
Don Quijote de la Mancha (M. de Cervantes)
La pícara Justina (F. de Úbeda)
Sergas de Esplandián (G. Rodríguez de Montalvo)
Policisne de Boecia (J. de Silva)
Guarino Mezquino
Amadís de Gaula
La demanda del Santo Grial
Caballero del Febo (D. Ortúñez)
Historia del emperador Carlomagno
Historia del caballero Cifar
Lisuarte de Grecia (¿F. de Silva, Juan Díaz?)
Primera parte de Guzmán de Alfarache (M. Alemán)
Segunda parte (M. Alemán)
Lazarillo de Tormes
Selva de aventuras (J. de Contreras)
Desengaño de celos (B. López de Enciso)
2ª parte del español Gerardo (G. de Céspedes)
Don Quijote de la Mancha (A. Fernández de Avellaneda)
Pícara Justina (F. de Úbeda)
Enamorada Elísea (L. de Covarrubias)
Primera parte de las patrañas de Juan Timoneda (J. de Timoneda)

Diana (J. de Montemayor)
Diana, 2ª parte (A. Pérez)
Florando de Castilla. Lauro de caballeros (J. de Güerta)
El caballero Asisio (fray Gabriel de Mata)
(verso)
Lazarillo de Tormes enmendado (Hurtado de Mendoza)
Clara Diana (fray Bartolomé Ponce)
Menina e moça (B. Ribeiro)

—*Libros de caballerías en italiano*
Amadís
Sergas (G. Rodríguez de Montalvo)
Primaleón (¿F. Vázquez?)
Rogel (F. de Silva)
Cristalamo
Florisandro
Florisello (¿*Floriseo* de F. Bernal?)
Palmerín de Olivia (¿F. Vázquez?)
Palmerín de Inglaterra (F. de Morales)

—*Libros de caballerías en francés*
Cuarto y quinto libro de Amadís (G. Rodríguez de Montalvo)
Artur de Bretaña

—*Libros de caballerías en portugués*
Palmerín de Inglaterra (F. de Morales)

Novela extranjera: Sin indicar aquí en detalle, por las razones apuntadas en su lugar, hay que señalar que aparecen obras de Heliodoro, Apuleyo, Esopo, Cintio, Sannazaro, Boccaccio, Dolce y Tasso en verso, varias en los epígrafes «Libros de poesía» e «Historias fabulosas» (italiano) «Libros de caballería y poesía» (francés), «Estatutos de Inglaterra» (inglés), etc.

Teatro: Aristófanes, *Obras* (4 ediciones)
Eurípides, *Tragedias* (2 ediciones)
Sófocles (3 ediciones)
Terencio, *Comedias* (6 ediciones)
Séneca, *Tragedias* (dos ediciones y un manuscrito)
Plauto, *Comedias*
Lope de Rueda, *Obras* (2 ediciones)
Agustín de Rojas, *Viaje entretenido*

¿Pedro de Urrea, *Su obra*?
Cancionero de Enzina
B. Torres Naharro *Propalladia* (2 ediciones)
Álvarez de Ayllón, *Comedia de Preteo y Tibalda*
Antonio de Silva, *Primeras tragedias españolas*
Juan de la Cueva, *Obras* (2 ediciones)
Comedias de Lope de Vega y de otros autores
(1 edición y 1 manuscrito)
Cuatro comedias de Lope de Vega y Góngora
Lope de Vega, *Rimas con el Arte de hacer comedias*
Miguel de Cervantes, *Ocho comedias*
Tragicomedia de Lisardo y Roselia
La Dolería, comedia
Cristóbal de Virués, *Obras trágicas*
¿Rodrigues Lobo, *As églogas*?
Prestes, Camoens, otros, *Autos y comedias*
Gil Vicente, *Obras*
Jorge Ferreira, *Comedia de Ulisipo*
Sa de Miranda, *Comedia*
Comedia Eufrosina (Jorge Ferreira)

Tragedias y Comedias en italiano
Bajo este epígrafe se incluye, específicamente, la relación de 45 comedias y tragedias en italiano (véase, pp. 601-602) y
Paulo Bozzi, *Rappresentatione del Giuditio Universale*
Massimo Faroni, *I sospetti,* comedia
Christo in Passione, tragedia
Malatesta Porta, *I santi innocenti*, tragedia
Ercolano Ercolani, *Heliodoro*, comedia
Alessandro Centio, *Il padre afflicto*
Fulvio Ghirlandi, *Gli amorosi travagli*
¿Cruci, *Tragicae comicaeque actiones*?
¿Naogeorgi, *Tragoedia nova*?
¿*Delrii Syntagma tragoediae latinae*?

36 (1626) —«Ruy Gómez de Silva, III duque de Pastrana (1626)», Dadson, Trevor J., *Libros*, pp. 357-367.
—94 libros:
Poesía: Tasso (3)

Ariosto (2)
Ovidio
Seca Rapida en italiano
Fábula rustica en poema italiano
Petrarca (2)
Poemas al Papa Urbano
Poemas al cardenal Barberino
Un libro de Aquiles y Elena de Ludovico Dulze
Razonamientos de Pasquino y Marforio en lengua italiana
Novela: *Un libro de Argenis del Tovar* (Barclay, trad. Pellicer)
Teatro: *El pastor Fido* (Tragicomedia pastoril) (Guarino)

37 (1626) —«Francisca de Paz Jofre de Loaysa (1626)», Dadson, Trevor J., *Libros*, pp. 453-458.
—50 libros

38 (1627) —«Los gustos literarios de una incipiente burguesía: la magnífica biblioteca de Francisco Moreno, guantero de la reina [...]», Prieto Bernabé, José M., *Lecturas*, pp. 387-430.
—394 libros
Poesía: *Flores de Poetas* (Espinosa) (2)
Pedreza (Romances)
Ovidio
Virgilio (4)
Guirnalda de Venus (Heredia)
Otro *Parnaso* (¿Cervantes?)
Espinel
San José en verso (¿Valdivielso?) (3)
Rufo
Rimas castellanas (¿Salas Barbadillo?)
España defendida (¿Suárez de Figueroa?)
Mena (2)
Lope de Vega
Navas de Tolosa (Mesa)
Varias aplicaciones (¿Rosell?)
Observancias [...] son emblemas
Homero
Maldonado

Boyardo
Petrarca (3)
Ariosto
Monarquía mística jeroglíficos (¿Zamora?)
Ercilla
Camoens
Orozco
Padilla (3)
Dante
López de Mendoza
Lucano (2)
Horacio
Traslación del Santísimo (¿Lope?)
Caridazeo
Barros
El pícaro primera y segunda parte
¿Locos amadores?

Novela: *Diana. Primera y segunda parte* (J. de Montemayor)
Diana. Tercera parte
Caballero puntual (A. J. de Salas Barbadillo)
Celestina (F. de Rojas)
Peregrino en su patria (Lope de vega)
Persiles (M. de Cervantes)
Caballero del Febo (D. Ortúñez)
Días del jardín (A. Cano)
Galateo (L. Gracián Dantisco)
Galateo y Lazarillo castigado
Esopo
Prodigiosa historia

39 (1628) —«Una persona de no modestas ambiciones intelectuales: la colección de Francisco Álvarez de Garay y Ocampo, maestro [...]». Prieto Bernabé, José M., *Lecturas*, pp. 269-300.
—285 libros

Poesía: Virgilio (3)
Ovidio (4)
Marcial
Horacio

Juan de la Cruz
Alciato (comentario de Minoem)
Illustrium italorum poetarum
Mena
Lope de Vega
Garcilaso (2)
Juvenal
Saavedra Guzmán

Novela: *Peregrino en su patria* (Lope de Vega)
Segunda parte del Guzmán de Alfarache (M. Luján)
Asno de Oro (Apuleyo)
Esopo
Carnestolendas de Castilla (G. Lucas Hidalgo)

40 (1629) —«Una biblioteca de alto contenido teológico: la de Fr. Íñigo de Brizuela, obispo de Segovia y presidente de Flandes de los consejos de Estado y Guerra de su majestad [...]», Prieto Bernabé, José M., *Lecturas*, pp. 136-145.
—76 libros

41 (1629) —«Isabel Montero (1629)», Dadson, Trevor J., *Libros*, pp. 458-466.
—94 libros

Poesía: *San Isidro en verso* (¿Lope de Vega?)
Canciones espirituales en flamenco
Silvestre
Emblemas morales en francés
Proverbios morales (¿Barros?)
González de la Torre
Padilla

Novela: Esopo

Teatro: *Comedias de Lope de Rueda*

42 (1630) —«La biblioteca de la VI condesa de Lemos», Barbeito, Mª Isabel, en AA.VV., *Varia bibliographica. Homenaje a José Simón Díaz*, Kassel, Reichenberger, 1988, pp. 67-83.
—185 libros (p. 68)

Poesía: *Emblemas de Boysardo en latín*

Covarrubias
Ariosto (2)
Novela: *Marcos de Obregón* (V. Espinel)

43 (1630) —«La biblioteca del capitán don Jerónimo de Soto (Tradición y necesidad. La cultura de los ingenieros militares en el Siglo de Oro: la biblioteca y la galería del capitán don Jerónimo de Soto)», Laso Ballesteros, Ángel, *Cuadernos de Historia Moderna*, 12, 1991, pp. 83-109.
—124 libros
Poesía: *Un libro de sonetos*
Ovidio
Virgilio
Garcilaso
Novela: *Celestina* (F. de Rojas)
Leucipe y Clitofonte (D. Ágreda)

44 (1630) —«Diego de Silva y Mendoza, conde de Salinas (1630)», Dadson, Trevor J., *Libros*, pp. 391-409.
—156 + 54 libros
Poesía: Camoens
Rodrigues Lobo
Figueroa
Garcilaso
Homero
Mena
Sannazaro
Terracina
Osias March (¿Ausiàs March?)
Proverbios de don Jorge Manrique (*Coplas con Proverbios* de Santillana)
Poetas ilustres (Espinosa)
T. Tasso
Barros
Versos manuscritos
[Otro] libro de poesía escrito de mano
Padilla
Novela: *Guzmán de Alfarache* (M. Alemán)

Galateo español (L. Gracián Dantisco)
«Un libro escrito de mano por encuadernar que es de caballerías»
Teatro: *Églogas* de Francisco Rodrigues Lobo
Comedia Ulisipo (Ferreira)

45 (1630) —«Juan Francisco de Tornamira y Soto (1620-1630)», Dadson, Trevor J., *Libros*, pp. 383-391.
—3 + 23 + 64 libros:
Poesía: Murillo (2)
Petrarca
Marcial
Novela: *Historia de Carlomagno*
Lisardo enamorado (A. Castillo Solórzano)
Arcadia (Lope de Vega)
Don Diego de Noche (A. J. de Salas Barbadillo)
Esopo
Teatro: *Doce comedias de Lope de Vega*

46 (1631) —«Ficción, historia y devoción: el entorno cultural de un modesto cordonero. Manuel de Ayllón [...]», Prieto Bernabé, José M., *Lecturas*, pp. 448-451.
—34 libros
Poesía: Ledesma
Patriarca San José (¿Valdivielso?)
Ovidio
Dolce
Novela: *Don Quijote* (M. de Cervantes)
Reinaldos de Montalbán
Diana (J. de Montemayor)
Noches de Invierno (A. de Eslava)
Guzmán de Alfarache (M. Alemán)
Celestina (F. de Rojas)

47 (1631) —«La biblioteca de Miguel López de Olivares, agente de negocios [...]», Prieto Bernabé, José M., *Lecturas*, pp. 345-346.
—14 libros
Novela: *Novelas amorosas* (J. Camerino)

Arcadia (Lope de Vega)
Jornadas alegres (A. Castillo Solórzano)

48 (1632) —«Los libros y otros bienes de don Pedro Zorrilla de Velasco (1632)», Barrio Moya, J. L., *Cuadernos de Bibliofilia*, 13, 1985, pp. 29-33.
—38 libros:
Poesía: Ariosto
Tasso
Ovidio
Teatro: *La comedia de la locura de Clorinda, en italiano*

49 (1632) —«Juan Fernández de Madrigal, secretario de su Majestad. Una colección con recursos [...]», Prieto Bernabé, José M., *Lecturas*, pp. 164-170.
—38 libros:
Poesía *Bernardo del Carpio* (¿Valbuena o Alonso?)

50 (1633) —«Sebastián de Mesa, comisario del Santo Oficio», Astrana Marín, Luis, «Obras de Cervantes...», *Vida*, p. 795.
—No da inventario completo
Novela: *Persiles* (M. de Cervantes)
Novelas Ejemplares (M. de Cervantes)

51 (1633) —«La biblioteca del conde de Benavente», Herrero, Miguel, *Bibliografía Hispánica*, XXXVII, 1942, pp. 18-33.
—c. 400 libros
Poesía: Horacio
Boiardo (2)
Ovidio (3)
Petrarca (6)
Apiano
Lucano
B. Tasso
L. Martelo
Virgilio (2)
Homero
Sonetos y canciones diferentes

Ariosto (2)
Mena
Ribaldio
Claudiano
Lucrecio
Juvenal
Ausonio
Prudencio
García de Resende
Novela: *Celestina* (F. de Rojas)
Decamerón (Boccaccio)
Filocolo (Boccaccio)
Teatro: *Lacalandia*
Comedias de Ariosto
Terencio poeta

52 (1635) —«Una sólida preparación piadosa: los libros de Francisco López, presbítero, rector del hospital real de la Pasión [...]», Prieto Bernabé, José M., *Lecturas*, pp. 127-135.
—78 libros
Poesía: Catón poeta
Prudencio
Catón cum commento
Novela: *Historias trágicas en francés* (Bandello)
(Prescindo de *Arcipreste de Talavera*)

53 (1636) —«El inquisidor Alonso de Salazar y Frías: el inventario de sus bienes», Barrio Moya, J. L., *Boletín de la Real Academia de la Historia*, CLXX, 1987, pp. 139-172.
—814 libros, 1161 volúmenes (p. 150):
Poesía: Petrarca
Alciato (3)

54 (1636) —«Consumo de literatura castellana de ficción: la biblioteca de don Cristóbal González Cossío de la Hoz, contador de resultas de su majestad [...]», Prieto Bernabé, José M., *Lecturas*, pp. 209-216.
—62 libros
Poesía: Pérez de Montalbán

Quevedo (Obras)
Mena
Novela: *Celestina* (F. de Rojas)
Diana (J. de Montemayor)
**Pedro de Urdemalas* (A. J. de Salas Barbadillo)
La sabia Flora (A. J. de Salas Barbadillo)
Pícara Justina (F. López de Úbeda)
Sagaz Estacio
Galateo español — *Lazarillo castigado* (L. Gracián Dantisco)
Conde Lucanor
Teatro: Juan Pérez de Montalbán, *El Señor Don Juan de Austria*
**Pedro de Urdemalas* (Salas o Cervantes, Prieto)
Comedias de Plauto

55 (1637) —*El libro y el cetro. La biblioteca de Felipe IV en la Torre Alta del Alcázar de Madrid*, Bouza, Fernando, Salamanca, Instituto de Historia del Libro y de la Lectura, 2005, pp. 169 y ss.
—«2150 (cuerpos) para 1950 entradas)» (p. 48):
Poesía:
I Poetas griegos traducidos
Museo
Anacreonte
Homero (5)
II Poetas latinos traducidos
Ovidio (9)
Virgilio (4)
Persio (2)
Lucano
Horacio (2)
Parnaso Antártico de Pedro Mesía (Ovidio)
Robo de Proserpina de Faria (Claudiano)
Juvenal
Lucrecio
Estacio Radi
III Poetas españoles [y portugueses]
Varios poetas
Cancionero general (Hernando del Castillo)
Mena (3)

Garcilaso de la Vega (3)
Villegas (1)
Poetas ilustres de España (Espinosa)
Santisteban
Castillejo
Manrique
Ausiàs March (2)
Boscán y Garcilaso
Las cuatrocientas del Almirante (Escobar)
Encina
Castelblanco (2)
Aldana
El Cavallero determinado (Marche, trad.
Acuña y Urrea (2)
Sa de Miranda (2)
Fray Luis de León y Francisco de la Torre
**Gigantomaquia* (Gallegos)
Ercilla
Góngora (2)
Rufo
Silvestre
Lope de Vega (16)
Villamediana
Lupercio y Bartolomé Leonardo de Argensola
Esquilache
Rodrigues Lobo (3)
La Carolea (Sempere)
Salcedo
Virués (2)
Bocángel (2)
Romancero (Padilla)
Salas Barbadillo (2)
Espinel
Égloga amorosa
Pantaleón
Íñigo López de Mendoza (3)
Diferentes poesías
Lizón

Lisboa edificada (Castro)
Fiestas a la beatificación de Santa Teresa (San José)
Tropezón de la risa (Alonso de Maluenda)
★*Glosa al Marqués de Santillana*
Tesoro de varias poesías (Padilla)
★Manuel de Portugal
Figueroa
★*Glosas al Marqués de Santillana y Juan de Mena*
★Zamora (2)
Mosquera
Zapata
Ferreira
Bernardes (2)
★*Alabanza de los ingenios sevillanos*
Endimión (Díaz Callecerrada)
Romancero general
★*España libertada*
Batalla de Roncesvalles (Espinosa)
Elogios al Retiro (Gallegos)
Camoens (2)
Los amantes de Teruel (Yagüe)
Teórica de virtudes (Castilla)
Virués
Carrillo
★Pérez de Herrera

IV Poetas italianos y franceses

Dante (2)
Ariosto (2)
T. Tasso (8)
Baldo
★B. Tasso (2)
Colona (2)
Boyardo
Marino (4)
★Alemani
Jardín de rimas

Dolce (1)
Petrarca (4)
Ronsard
Olenix
Du Bartas (3)
Dono
Rimas de diversos a la Señora Livia Colonna
Tansillo
Flores de las rimas de los poetas ilustres de Italia (Ruscelli)
**Apología contra Castelvetro* (Caro)
**Sátiras de diversos autores*
*Camilo
El hijo pródigo (Cinquanta)
Chiabrera
Caporal
Terracina
Stiliano
*Trisino
Versos en alabanza del Escorial (Strassoldo)
Rimas de diversos (col. Dolce)
Goselino
**El enamoramiento de Reinaldo* (Forti)
**Primeros estudios de Gabriel Simón*
Poesías vulgares (Medici)
Paternó (2)
Talenti
Caporal y otros
Estancias de diversos autores toscanos (Ferentilli)
Nuncio Legato (González de la Torre)
Exequias poéticas (Franchi)
**Apólogos del Capacho* (Capaccio)
**Fuente del Deleite* (Borgogni)
Aquilano
*Castaleti
**Elogios a la duquesa de Briciano*
**Arminia* (Visconti)
Rimas espirituales (Fiamma)
Aníbal Caro y otros

Rimas de Aníbal Caro y del Marteli
Sannazaro.

V Música

Marencio

VI Memoria de los libros que estaban en el bufete

Soto de Rojas

VII Filosofía natural y moral y racional

Orozco
Targa
Fábulas del Pavesi
Barros

VIII Libros varios de diversas lenguas

Alciato (López)
Benamati
Covarrubias (1)
Yagüe
Gonzaga
Cinquanta
Vida-Belli
⋆Ruscelli
Boccalini
⋆De los Reyes

Novela española: *Lazarillo*

Palmerín de Olivia en italiano (L. Dolce)
Selva de aventuras (J. de Contreras)
Celestina (F. de Rojas)
Novelas Ejemplares (M. de Cervantes)
El pastor de Fílida (L. Gálvez de Montalvo)
Persiles (M. de Cervantes)
Lazarillo de Manzanares (J. Cortés)
Mesón del mundo (R. Fernández de Ribera)
El mozo de muchos amos (J. Alcalá Yáñez)
Noches de Navidad
Guzmán de Alfarache (M. Alemán)
Sobremesa (J. de Timoneda)
Los más fieles amantes Leucipe y Clitofonte (D. de Ágreda)
El juez de vidas ajenas (A. J. de Salas Barbadillo)
Argenis (de J. Barclay, continuada por J. Pellicer)

Hipólito y Aminta (F. de Quintana)
El español Gerardo (G. de Céspedes)
La pícara Justina (F. López de Úbeda)
Historias peregrinas y ejemplares (G. de Céspedes)
Amor con vista (J. Enríquez de Zúñiga)
Cárcel de amor (D. de San Pedro)
Diana (J. de Montemayor)
Auroras de diana (P. Castro)
Menina e Moça (B. Ribeiro. Portuguesa)
Don Diego de Noche (A. J. de Salas Barbadillo)
Galatea (M. de Cervantes)
Florando de Castilla (J. Huerta)
El peregrino en su patria (Lope de Vega)
La Dorotea (Lope de Vega)
La Arcadia (Lope de Vega)
Amadís de Bernardo Tasso (verso)
Argenis del Corral (Barclay-Corral)
El premio de la constancia (J. Espinel)
El Menandro (M. de los Reyes)
El cortesano descortés (A. J. de Salas Barbadillo)
Conde Lucanor
Pastores de Belén (L. de Vega)

Novela extranjera: Sin indicar aquí en detalle, por las razones apuntadas en su lugar, hay que señalar que aparecen obras de Esopo, Sannazaro, Boccaccio, Bandello, Tasso, Cintio, Dolce, Soreli, etc.

Teatro: *Anfitrión* de Plauto (2)
Terencia de Simón Abril
Terencio comentado
Propalladia de Bartolomé de Torres Naharro
Obras de Juan del Encina
Comedias portuguesas (A. Prestes-L. Camoens)
Obras de Cristóbal de Virués
«Comedias de Lope de Vega y prosiguen las 22 partes de sus comedias en la letra YY desde el 25 hasta el 43 22» (p. 205)
Obras de Gil Vicente
El pastor Fido de Bautista Guarino (tragicomedia)
Las tragedias de Séneca del Dolce

Tragedias La Merope y Tancredo (P. Torelli)
Tragedias del Dolce
La Eufrosina en portugués (J. Ferreira)
Lucila constante (comedia curiosa)
La Eufrosina (J. Ferreira)
Comedias del amor constante (A. Piccolomini) (2)
Comedias de Terencio
El celoso (comedia, G. Bentivoglio)
Comedia del Porta
Comedia de Plauto
Lope de Rueda
Lucila Constante (S. Fiorillo)
La reina Matilde (G. D. Bevilacqua)

56 (1637) —«Libros para el buen cristiano: el ejemplo de la biblioteca de doña Francisca de Padilla, marquesa de Auñón [...]», Prieto Bernabé, José Mª., *Lecturas*, pp. 485-488.
—29 libros:
Poesía: *Excelencias de Nuestra Señora* (¿Padilla?)
Libro de San José (¿Valdivielso?)
Lope de Vega

57 (1638) —«La valiosa colección de Códices del conde de Guimerá en la Biblioteca Nacional», Andrés, Gregorio de, en AA.VV., *Varia bibliográphica*, pp. 47-54.
—67 manuscritos
Dante
Ausiàs March
Cancionero portugués
Murillo
Teatro: *Traducciones de las comedias de Séneca en Lemosín*

58 (1638) —«La librería y otros bienes de la duquesa de Sessa (1638)», Barrio Moya, J. L., *Cuadernos de Bibliofilia*, 12, 1984, pp. 41-51.
—99 libros

59 (1640) —«La librería de don Pedro Testay, capellán de Felipe IV y chantre de la catedral de Palermo (1640)», Barrio Moya, J. L., *Hispania Sacra*, XL, 1988, pp. 389-400.

—303 títulos, 682 tomos (p. 391

Poesía: Lucano
Alciato (2)
Ariosto
Flor de poesía

60 (1644) —«Leer historia para vivir: los entretenimientos literarios de doña Lucía de Toledo [...]», Prieto Bernabé, José M., *Lecturas*, pp. 493-496.

—18 libros.

Poesía: Mena
Petrarca
Virgilio

61 (1644) —«Juan de Aguilar, caballero de Santiago», Astrana Marín, Luis, «Obras de Cervantes...», *Vida*, p. 795.

—No da inventario completo

Novela: *Amadís de Gaula*
Florisel (F. de Silva)
Felixmarte (M. Ortega)
Pícara Justina (F. López de Úbeda)
Quijote (M. de Cervantes) (2)
Persiles (M. de Cervantes)
Galatea (M. de Cervantes)
Novelas Ejemplares (M. de Cervantes)
Cigarrales de Toledo (Tirso de Molina)
Obras de Cervantes

62 (1645) —«La biblioteca de Batres», F Pérez de Guzmán, *Generaciones y semblanzas*, ed. de R. B. Tate, London, Tamesis, 1965, pp. 99-101.

—29 libros

Poesía: Lucano

63 (1647) —«Libros y lecturas de Rodrigo Caro», Etienvre, Jean-Pierre, *Cuadernos Bibliográficos*, 38, 1971, pp. 31-106.

—530 libros (p. 36). Hay repetidos.

Poesía: *Poetae Graeci Veteres*
Marcial
Lucano (3)

Horacio (2)
Virgilio
Epigramata vetera
Ovidio (3)
Poetae varii
Carmina vidermani (Bidermann)
Mena
Juvencio
Alciato
Carmina illustrium poetarum italorum
Opusculum musei
Carminarum de 9 poetas
Covarrubias
Góngora
Píndaro
Teócrito
Catulo
Ausonio (2)
Juvenal (2)
Lucrecio (2)
Estacio
Prudencio (3)
Epigramata greca (J. Soter)
Spagnoli
Persio (2)
Policiano
Capilupi carmina
Tibulo
Herrera

Novela: *Conde Lucanor*
Asno de Oro (Apuleyo)
Esopo

Teatro: Plauto (2)
Tragedias latinas (*Syntagma tragediae latinae*)
Séneca (3)
Terencio
Eurípides
Sófocles
Aristófanes

64 (1650) —«Una colección de amplios horizontes y formación humanística: la de Bartolomé de Arnolfo, mercader de ganado [...]», Prieto Bernabé, José Mª., *Lecturas*, pp. 328-345.
—153 libros

Poesía: Dante (2)
Grillo
Ovidio
Ariosto
Vida de Santa Teresa en verso
Boiardo
Rimas de diferentes autores
Caporal
B. Tasso
T. Tasso
Estancias de diversos poetas recogidas por Ludovico Dolca
Petrarca
Rimas de diversos autores (italiano)
Julio César Cabeo

Novela: *Florisel de Niquea* (italiano) (F. de Silva)
Decamerón (G. Boccaccio) (2)
Arcadia (I. Sannazaro)
Esopo

Teatro: *Comedia de los muertos vivos* (italiano)

65 (1650) —«Almoneda de los bienes de Doña María Barreneche [...]», Weruaga, Ángel, *Libros y lecturas en Salamanca. Del Barroco a la Ilustración*, Salamanca, Junta de Castilla y León, 1993, p. 213.
—No da inventario completo
14 libros y más
Parnaso español

APÉNDICE

Novelas a la venta en librerías españolas del Siglo de Oro (1600-1650),
(*BHi*, 110, 1, juin 2008, pp. 92-109)*

I. Introducción

Me gustaría que pudiera haber respuestas más contundentes y certeras a preguntas tan incitantes como ¿qué novelas había a la venta en las librerías españolas del Siglo de Oro?, ¿quiénes eran los compradores?, ¿cuáles los índices de lectura?, ¿qué suponían, en proporción real, con respecto al resto de libros a la venta?, ¿cuáles eran las fases de apogeo y decadencia?, ¿cuál el ascenso y ocaso de los distintos géneros novelísticos? Pero, como en tantos otros casos, las fuentes de información con sus peculiaridades acotan alcances y marcan unas delimitaciones.

He tomado en consideración todos los inventarios de librerías pertinentes para el periodo 1600-1650 -referidos a varios tipos y ciudades españolas-teniendo en cuenta las relaciones que ofrecen Chevalier, Laspéras, Dadson, Delgado, Infantes-López-Botrel, además de estudios particulares como los de Prieto, Velasco, Cayuela[1], etc. Pero el problema comienza en los propios inventarios, que no están elaborados con el detalle y rigor que hoy hubiéramos exigido. Así la forma de citar los títulos hace dificil identificar algunas obras (me he servido en esto, como se verá, de la fuente utilizada en cada caso) o puede llevar a confusión. En ocasiones se mezclan en los registros resmas de papel en blanco, res-

* Lo reproduzco tal cual sin revisión para el caso, sólo con unas pocas referencias y unificaciones con el conjunto.

[1] Chevalier, 1976, p. 31-36; Laspéras, 1980, pp. 535-557; Dadson, 1998, pp. 516-529; Infantes, López y Botrel, 2003, pp. 787-820; y en esta misma obra Delgado, 2003, pp. 133-141. Prieto, 2004; Velasco, 1998; Cayuela, 2005; Rojo, 1994. En éstos hay referenciados otros inventarios no pertinentes aquí.

mas, manos y cuerpos, pliegos, objetos. Algunas veces, bajo el mismo registro se incluyen diversos títulos. En unas pocas ocasiones no se dan títulos, sino número de libros, sin especificar. Por otra parte, no todos los inventarios tienen el mismo carácter, pues si la mayor parte son, realmente, inventarios de librerías, algunos, como se verá, se refieren a los libros que se llevan a América o se limitan a compras particulares o a determinado precio de los libros. Para complicar las cosas en un mismo inventario puede aparecer el mismo título repetido en distintos registros. Aunque no sea equivalente, pues, registro y título, considero los datos porque son útiles para evaluar proporciones[2].

No dejaré de decir que la continuada necesidad de operaciones aritméticas ha podido llevar a algún error que suplirá el lector bien intencionado. No se me oculta el enojo que puede producir la acumulación de datos, pero me parece imprescindible para asentar sobre terrenos sólidos el acercamiento al tema.

Así son las cosas y éstos los mimbres con que fabricar el cesto. Con todo, la intención de lo que sigue es dar respuesta —a la altura de las circunstancias— a algunas, y otras, de las preguntas formuladas al comienzo. No cabe dar a los datos ofrecidos la exactitud matemática que me hubiera gustado, pero sí tienen, creo, el suficiente valor orientativo para informar, aunque sea parcialmente, de la presencia de la novela en las librerías españolas del Siglo de Oro, la relación con otros libros a la venta, los títulos de éxito, el auge y declive de los géneros… etc. Cuestiones todas importantes para acercarnos a la «realidad de verdad», como decía Torres Naharro, fundamental para la historia de la literatura. Hay que esforzarse por conocer lo que ocurría en el siglo para tener elementos de referencia histórica y contraste con lo que la memoria literaria ha retenido, con el canon ideal de excelencia de nuestros días o, incluso, con el papel y valor concedidos a la literatura. Éstos son los alcances de lo que me propongo aquí, y no entro en aspectos concretos de la actividad de impresores y libreros, comercio del libro, con-

[2] Sobre los problemas de inventarios de librerías ver Delgado, 2003; ver alguno de los estudios que cito en nota siguiente, y de las bibliotecas particulares, entre otros, Dadson, 2003; Infantes, 1997, pp. 281-292; Chevalier, 1997, pp. 19-24 (ver cap. 2 de este libro). Sobre las características del inventario, función y problemas metodológicos puede verse también: Infantes 1998, pp. 163-170. Son útiles además varios estudios: Pedraza, 1997, pp. 231-242; 1999, pp. 137-158; Bennassar, 1984, pp. 139-146, y varios de los estudios que cito en mis trabajos en 7. *Bibliografía citada*.

troles, catálogos, pleitos, libreros en particular, que cuentan con una bibliografía pertinente[3].

Pasemos ya a las fuentes de información y lo que aportan, es decir, a los distintos inventarios, señalando el número de registros y volúmenes en general y el de novelas en particular (en varias ocasiones he debido calcularlo por lo que hay que admitir un margen de error), para dar, a continuación, la relación de títulos de novelas y el correspondiente número de registros y ejemplares. Por el sentido de este estudio doy en forma abreviada los títulos, indicando el autor, para lo que me sirvo de la fuente utilizada en cada caso, aunque utilizo también las bibliografías y manuales pertinentes de literatura española[4]. Indico las obras que no tomo en consideración por no haber podido identificarlas, o caer fuera del marco literario acotado, y prescindo de las muy aisladas traducciones o novelas extranjeras. No indico la edición, por no especificarla el inventario, lo que impide saber cuál era la que estaba en la correspondiente librería.

Utilizo, como se ve, el término novela, sin entrar aquí en disquisiciones de teoría e historia de la literatura. Sirve para entendernos, y lo prefiero en este caso al de prosa de ficción, aunque, naturalmente, conozco los problemas que ello conlleva y las cuestiones que plantea, de las que, como digo, no me ocupo aquí.

II. Fuentes de información y contenido

(Los inventarios no indican partes en los libros de caballerías, lo que dificulta la identificación, autoría y correspondencias)

[3] Hay ya una extensa bibliografía sobre el tema en la que no puedo detenerme en particular. Aparte de los estudios citados de Cayuela, Dadson, Delgado, Laspéras, Velasco..., sirva de orientación: sobre librerías madrileñas (Agulló, Amat, Cayuela, Entrambaguas, López, Maldonado, Moll, Pérez Pastor, Marques de Saltillo, Simón, Vindel...); otras ciudades (Bécares, Gonzáles-Maillard...). Sobre gremios y hermandades (Paredes, Redondo...). Memoriales, pleitos, defensa del libro (Blecua, Moll, Sierra...). Mercado, catálogos (Cruickshank, Rodríguez Moñino, Wacquet-Bots, Whinnom...). Interesantes colectivos como los dirigidos por Cátedra, López-Vidriero y editado por Andrés, etc.

[4] Además de los manuales y bibliografías al uso, para los libros de caballerías me ha sido especialmente útil Eisenberg y Marín Pina, 2000.

1) 1601: «Librería de Francisco Escalante», en A. Rojo Vega, *Impresores, libreros y papeleros en Medina del Campo y Valladolid,* Salamanca, Junta de Castilla y León, 1994, pp. 240-242.
«Nos hemos decidido a copiar de ellos únicamente los libros baratos (...) cuyo precio estuvo por debajo de dos reales» (Rojo, p. 240)
Número de registros: 10
Número de volúmenes: 11
No aparece novela.

2) 1601: «Registro Martín Sánchez de Solís pasajero que va en esta flota que se apresta para los reinos de Tierra Firme», en Irving A. Leonard, *Romances of chivalry in the Spanish Indies* (...) Berkeley, University of California, 1933, pp. 76-113.
Número de registros: 81 cajas. C. 1100 registros. Se repite, en ocasiones, el mismo título en varios registros.
Número de volúmenes: «In January 1601 there is a register of one deal, covering a total of some 10000 books» (Leonard, p. 14)
Número de registros de novela: 84
Número de volúmenes de novela: 524
Relación de títulos, número de registros y número de ejemplares:
— *Amadís de Gaula: ( )* 4/9
— *Amadís de Grecia:* (Feliciano de Silva) 8/19
— *Arcadia:* (Lope de Vega) 20/94
— *Belianís:* (¿Jerónimo Fernández. Pedro Guiral?) 1/1
— *Clara Diana:* (Bartolomé Ponce) 3/7
— *Diana a lo divino: ( )* 2/8
— *Espejo de Caballeros:* (¿D. Ortúñez, P. de la Sierra, M. Martínez?, no especifica parte) 2/2
— *Florisel de Niquea:* (Feliciano de Silva) 13/138
— *Galateo español:* (Lucas Gracian Dantisco) 4/30
— *Guerras de Granada:* (Ginés Pérez de Hita) 2/7
— *¿Guzmán de Alfarache?:* (Mateo alemán) *Libros de Picaros* 4/99
— *Lazarillo de Tormes:* (Anónimo) 4/9
— *Lisuarte:* (¿F. De Silva, J. Díaz?) 1/1
— *Pastor de Fílida:* (Luis Galvez de Montalvo) 2/3
— *Picaros: (?)* 1/15
— *Primaleón:* (¿Francisco Vázquez?) 12/80
— *Sergas de Espladián:* (Garci Rodríguez de Montalvo) 1/2

No tomo en consideración: *Entretenimiento de damas y galanes* (2); *Momo* (15); *El tahúr andaluz* (6).

3) 1605: «Registro Diego Correa para dar y entregar en la Ciudad de Cartagena», en Irving A. Leonard, *op. cit,* pp. 114-115-
Numero de registros: 21
Numero de volúmenes: 185
Número de registros de novela: 3
Número de volúmenes de novela: 98
Relación de títulos, número de registros y número de ejemplares:
— *Quijote:* (Miguel de Cervantes) 2/90
— *Peregrino en su patria:* (Lope de Vega) 1/8 No cuento *El tahúr andaluz* (6).

4) 1605: Librería de Jusepe Domenego. Murcia, en Lope de Pascual, «Libros y libreros en Murcia según los protocolos del siglo XVII», *El libro antiguo español,* II, ed. Mª Luisa López Vidriero y Pedro M. Cátedra, Universidad de Salamanca, BNM, SEHL, 1992, pp. 166-168. - No dan el inventario completo.
«Pero ni [en] esta librería, como hemos dicho en la de Dorado, encontramos libros de caballería. Ni siquiera encontramos otros libros de lectura menor, que podríamos llamar: comedias, novelas, versos» (Pascual, p. 168).

5) 1606: «El fondo de la librería de Cristóbal López», Madrid, en Trevor J. Dadson, *Libros, lectores y lecturas,* Madrid, Arco Libros, 1998, pp. 467-502.
Número de registros: 387, hay algunos de resmas, papel blanco... *Vid.* apartado siguiente.
Número de volúmenes: «El recuento de los fondos de la librería proporciona las siguientes cifras : 5841 libros (con 260 títulos distintos) y 12575 pliegos sueltos (formados por coplas, poderes, cartas de renunciación, palabras de consagración, pronósticos y lo que llaman "menudencias")» (Dadson, p. 291).
Número de registros de novela: 33
Número de volúmenes de novela: 239
Relación de títulos, número de registros y número de ejemplares:
— *Amadis de Grecia:* (Feliciano de Silva) 2/2
— *Arcadia:* (Lope de Vega) 2/139
— *Belianis:* (Jerónimo Fernández) 3/3

— *Febo:* (Diego Ortúñez) 2/2
— *Celestina:* (Fernando de Rojas) 1/4
— *Cristalián:* (Beatriz Bernal) 1/1
— *Diana:* (Jorge de Montemayor) 1/2
— *Espejo de Caballerías:* (Pedro de Reinosa) 1/1
— *Florisel de Niquea:* (Feliciano de Silva) 2/2
— *Galateo y Lazarillo castigado:* (Lucas Gracian Dantisco) 3/18
— *Guzmán de Alfarache,* 2ª parte: (Mateo alemán) 1/1
— *Lazarillo de Termes:* (Anónimo) 1/12
— *Ninfas y pastores* del *Henares:* (Bernardo González) 1/1
— *Palmerin de Olivia:* (¿Francisco Vázquez?) 1/1
— *Pastor de Fílida:* (Luis Gálvez de Montalvo) 1/2
— *Peregrino en su* patria*:* (Lope de Vega) 2/5
— *Policisne de* Boecia*:* (Juan de Silva) 1/2
— *Primaleón:* (¿Francisco Vázquez?) 2/2
— *Quijote:* (Miguel de Cervantes) 2/35
— *Reinaldos*: 1/1
— *Rogél de Grecia:* (Feliciano de silva) 1/1
— *Selva de Aventuras:* (Jerónimo de Contreras) 2/2

No tomo en consideración: *Una toledana discreta* (E. Martínez)(l); *Asno de Oro* (L. Apuleyo) (2); *Historias de Momo* (2); *Peregrino indiano* (A. De Saavedra) (2); *Historias trágicas* (M. Bandello) (3).

6) 1607: Mariana Hernández, esposa del librero Pedro de la Torre. Madrid, en Cristóbal Pérez Pastor, «Impresores y libreros de Madrid, documentos referentes a ellos», *Memorias de la Real Academia Española,* XIII (1926), p. 325.

Número de registros: 10
Número de volúmenes: No da.
Número de registros de novela: 2
Número de volúmenes de novela: 16
Relación de títulos, número de registros y número de ejemplares:
— *Arcadia:* (Lope de Vega) 1/6
— *Celestina:* (Fernando de Rojas) 1/10

7) 1608: Francisco López, Madrid, en Cristóbal Pérez Pastor, *op. cit,* p. 328; Christian Peligry, «Un libraire madrilene du Siécle d'Or. Francisco López le jeune (1545-1608)», *Mélanges de la Casa de Velázquez,* 12 (1976), pp. 219-250.

No dan inventario completo.
Número de registros: no dan
Número de volúmenes: «plus de 15000 volumes (Peligry, p. 245)
Número de registros de novela: no dan
Número de volúmenes de novela: sólo citan 107
Relación de títulos, número de registros y número de ejemplares:
— *Arcadia:* (Lope de Vega) 1/105
— *Guerras de Granada:* (Ginés Pérez de Hita) 1
— *Guzmán de Alfarache,* 2ª parte: (Mateo Alemán) 1

8) 1610: Compra por Felipe Bonilla a Sebastián de Cormellas. Zaragoza, en Esperanza Velasco, *Impresores y libreros en Zaragoza 1600-1650,* Zaragoza, IFC, 1998, p. 260.
No da inventario de la compra de más de 6000 libros (Velasco, p. 260). Entre las novelas menciona: Fernando de Rojas, *Celestina,* 3; Miguel de Cervantes, *Quijote,* 6; Francisco López de Ubeda, *Picara Justina,* 2.

9) 1610: Librería de Sebastián de Robles. Madrid, en Christian Peligry, «El inventario de Sebastián de Robles, librero madrileño del siglo XVII», *Cuadernos Bibliográficos,* 32 (1975), pp. 181-188.
Número de registros: 99 (uno de manos de cartillas y otro de resmas de papel)
Número de volúmenes: «encontraron en la tienda del difunto 1639 volúmenes» (Peligry, p. 182)
Número de registros de novela: 2
Número de volúmenes de novela: 10
Relación de títulos, número de registros y número de ejemplares:
— *Arcadia:* (Lope de Vega) 1/9
— *Pastor de Fílida:* (Luis Galvez de Montalvo) 1/1
No tomo en consideración *Nochebuena* (3); *La discreta toledana* (1)

10) 1614 «Velázquez (Mateo), librero, encuadernador», en El Marqués de Saltillo, «Bibliotecas, libreros e impresores madrileños del siglo XVII», *RABM,* L1V (1948), pp. 284-285.
Número de registros: 11 (más nueve de objetos de encuadernar)
Número de volúmenes: 134
No aparece novela

11) 1615 Juan Dorado. Murcia, en Lope de Pascual, *op. cit,* pp. 164-166
Número de registros: 98

Número de volúmenes: «El total de los cuerpos de libros que había en la tienda se remonta a unos mil ciento sesenta y uno, poco más o menos» (Lope de Pascual, p. 165)
Número de registros de novela: 2
Número de volúmenes de novela: 10
Relación de títulos, numero de registros y número de ejemplares
— *Novelas:* (Miguel de Cervantes) 1/6
— *Pastores de Belén:* (Lope de Vega) 1/4
No tomo en consideración *Barlaam y Josafat* (4); *Desengaños de Fortuna* (1).

12) 1619: «Ruiz (Damián), librero.» Madrid, en El Marqués de Saltillo, *op. cit.* pp. 283-284.
Número de registros: 55
Número de volúmenes: c. 690
Número de registros de novela: 4
Número de volúmenes de novela: 48
Relación de títulos, número de registros y número de ejemplares:
— *Galatea:* (Miguel de Cervantes) 1/12
— *Guerras de Granada, 2ª parte:* (Ginés Pérez de Hita) 1/24
— *Pastores de Belén:* (Lope de Vega) 1/6
— *Siglo de Oro en las selvas de Erífile:* (Bernardo de Valbuena) 1/6
No tomo en consideración *Desengaños de Fortuna* (6).

13) 1626: Francisco de Robles. Madrid, en Jean-Michel Laspéras, «El fondo de librería de Francisco de Robles, editor de Cervantes», *Cuadernos Bibliográficos,* 38 (1979), pp. 107-138.
Número de registros: 269 +104
Número de volúmenes: «El fondo de librería de Francisco Robles (...) con sus 16240 cuerpos (7122 cuerpos de diversas obras y 9118 pliegos de pragmáticas), valorados en 58126'50 reales» (Laspéras, p. 132)
Número de registros de novela: 9
Número de volúmenes de novela: 589
Relación de títulos, número de registros y número de ejemplares:
— *Galatea:* (Miguel de Cervantes) 1/17
— *Galateo- Lazarillo castigado:* (Lucas Gracián Dantisco) 1/18
— *Guerras de Granada:* (Ginés Pérez de Hita) 1/28

— *Peregrino en su patria:* (Lope de Vega) 2/14
— *Don Quijote.* 1ª Parte: (Miguel de Cervantes) 1/142
— *Don Quijote.* 2ª Parte: (Miguel de Cervantes) 1/366
— *Don Quijote.* 1ª y 2ª Parte: (Miguel de Cervantes) 1/3
— *Don* Quijote. 1ª Parte: (Miguel de Cervantes) 1/1

14) 1627: Pedro Osete. Valladolid, en A. Rojo Vega, *op.cit.* pp.233-240.
Número de registros: 51 resmas de recetería más 50 de coplas (101). Cuerpos más resmas: c.185
Número de volúmenes: 624 resmas de recetería más 255 de coplas (879)
Número de registros de resmas de novela: **5**
Número de ejemplares de resmas de novela: **89**
Relación de títulos, número de registros y número de ejemplares:
— *Clamades*:( ) 1/10
— *Partinuplés*: (Gaspar de Aldana) 1/28
— *Oliveros de Castilla:* (Pedro de Floresta) 1/5
— *Roberto el Diablo:* (Juan de la Puente) 1 /20
— *Tablante de Ricamente:* (Nuño Garay) 1/26
No tomo en consideración: *Historia de Carlomagno* (20); *Doncella Teodor* (9); *Conde Dirlos* (10); *Flores y Blancaflor* (18); *Caballero Asisio (2).*

15) 1629: Miguel Martínez. Madrid, en Trevor J. Dadson, «El fondo de librería de Miguel Martínez», *op. cit.* pp. 502-510.
Número de registros: 86 (2 registros de libros varios y diversos y 1 de balas de papel)
Número de volúmenes: «Las 83 entradas registran un total de 5258 tomos» (Dadson, p. 318)
Número de registros de novela: 3
Número de volúmenes de novela: 60
Relación de títulos, número de registros y número de ejemplares:
— *Cigarrales de Toledo:* (Tirso de Molina) 1/20
— *Español Gerardo:* (Gonzalo de Céspedes) 1/20
— *Sagaz Estacio:* (Alonso J. Salas Barbadillo) 1/20

16) 1634: Gabriel Guasp, Palma de Mallorca, en G. Llompart, *La imprenta i llibrería de Gabriel Guasp,* Palma de Mallorca, Consellería de Cultura, 1989, pp. 16-30.
Número de registros: c.502

Número de volúmenes: c.3933
Número de registros de novela: 11
Número de volúmenes de novela: 34
Relación de títulos, número de registros y número de ejemplares:
— *Carnestolendas de Castilla:* (Gaspar Lucas Hidalgo) 1/4
— *Diana:* (Jorge de Montemayor) 1/3
— *Experiencias de amor y fortuna;* (Francisco de Quintana) 1/5
— *Guerras de Granada:* (Ginés Pérez de Hita) 1/2
— *Guzmán de Alfarache:* (Mateo Alemán) 1/1
— *Hija de Celestina:* (Alonso J. Salas Barbadillo) 1/6
— *Noches de invierno:* (Antonio de Eslava) 2/2
— *Paninuplés:* (Gaspar de Aldana) 1/8
— *Pastor de Fílida:* (Luis Galvez de Montalvo) 1/2
— *Selva* de *Aventuras:* (Jerónimo de Contreras) 1/1
No tomo en consideración: *Reniegos de Nochebuena* (3), *Pastor Fido* (6), *Carlomagno* (5), *Teágenes y Cariclea* (8), *Juegos de Nochebuena* (1).

17) 1639: Venta de libros de Pedro Escuer al librero de Daroca Juan Francisco Ramí, en Esperanza Velasco, *op. cit.* p. 264.
Número de registros: 3
Número de libros vendidos: 685
Número de registros de novela: 1
Número de volúmenes de novela: 25
Relación de títulos, número de registros y número de ejemplares: *Novelas amorosas* y *ejemplares:* (María de Zayas) 1/25

18) 1648: «Librería de Juan Eguía», en A. Rojo Vega, *op.cit.* pp. 242-243. *Vid.* indicación en 1. *Introducción.*
Número de registros: 36
Número de volúmenes: 44
Número de registros de novela: 2
Número de volúmenes de novela: 3
Relación de títulos, número de registros y número de ejemplares:
— *Carnestolendas de Madrid:* (Alonso de Castillo Solórzano) 1/1
— *Garduña* de *Sevilla:* (Alonso de Castillo Solórzano) 1/2

19) 1648: Alonso Pérez de Montalbán. Madrid, en Anne Cayuela, *Un librero en el Madrid de los Austnas,* Madrid, Calambur, 2005, pp. 255-349; 359-365.

Número de registros: c. 1431
Número de volúmenes: «19820 volúmenes» (Cayuela, p. 137)
Número de registros de novela: 105
Número de volúmenes de novela: 1965
Relación de títulos, número de registros y número de ejemplares:
— *Amor con vista:* (Juan Enríquez) 1/1
— *Arcadia:* (Lope de Vega) 3/21
— *Auroras de Diana:* (Pedro Castro) 10/313
— *Carnestolendas de Madrid:* (Alonso Castillo Solórzano) 5/101
— *Celestina:* (Fernando de Rojas) 1/1
— *Cintia de Aranjuez:* (Gabriel del Corral) 9/503
— *Curial del Parnaso:* (Matías de los Reyes) 1/4
— *Diablo Cojuelo:* (Luis Vélez de Guevara) 7/292
— *Español Gerardo:* (Gonzalo de Céspedes) 1/1
— *Eustorgio y Clorilene:* (Enrique Suárez) 13/279
— *Experiencias de amor y fortuna:* (Francisco Quintana) 5/45
— *Florisel de Niquea:* (Feliciano de Silva) 1 /1
— *Galatea:* (Miguel de Cervantes) 1/1
— *Garduña de Sevilla:* (Alonso Castillo Solórzano) 4/177
— *Guerras de Granada:* (Ginés Pérez de Hita) 5/15
— *Guzmán de Alfarache:* (Mateo Alemán) 6/34
— *Hipólito y Aminta:* (Francisco Quintana) 3/8
— *Los más fieles amantes:* (Diego de Agreda) 1 /1
— *Marcos* de *Obregón:* (Vicente Espinel) 2/2
— *Mesón del mundo:* (Rodrigo Fernández de Ribera) 8/42
— *Novela del más desdichado amante:* (Jacinto Abad) 1/50
— *Novelas ejemplares:* (Miguel de Cervantes) 1/1
— *Para algunos:* (Matías de los Reyes) 4/8
— *Pastor de Fílida:* (Luis Gálvez de Montalvo) 1 /1
— *Pícara Justina:* (Francisco López de Ubeda) 3/3
— *Premio* de *la constancia y pastores de Sierra Bermeja:* (Jacinto Espinel) 2/17
— *Prodigiosa historia de los dos amantes:* (Gabriel del Corral) 1/1
— *Siglo* de *Oro en las selvas de Erífile:* (Bernardo Valbuena) 1/1
— *Trabajos de Persiles y Sigismunda:* (Miguel de Cervantes) 1/1
— *Universidad de amor:* (Antolínez de Piedralbuena) 3/40

No tomo en consideración: *La mojiganga del gusta* (A. Sanz del Castillo) (1); *Vida del dichoso desdichado* (P. Mateo) (1); *Historia ejemplar de las dos constantes mujeres* (L. Pacheco) (2); *Soledad entretenida* (J. Barrionuevo) (14); *Escarmientos de Jacinto* (182); *Noches de Navidad* (L. Santa Ana) (3); *Plaza universal de todas las artes* (C. Suárez de Figueroa) (1); *Desengaños de Fortuna* (Don Gutierre, Marqués de Careaga) (10); *Momo* (1); *Fénix* (4); *Arcadia* (J. Sannazaro) (1) *Noches Claras* (M. de Farra) (1).

20) 1650 «Librería de Jerónima de Acao» en A. Rojo Vega. *op. cit.* pp. 243-247. *Vid.* indicación en 1. *Introducción*.
Número de registros: c. 147
Número de volúmenes: c. 836
No aparece novela

III. Novela en el conjunto de fondo de la librería

En términos absolutos, aunque no se me ocultan los problemas, variables y dificultades del dato, sin contar los inventarios 4, 6, 7 y 8, tenemos que de c.79931 volúmenes en total los de novela son c.3694, es decir, un 4,62%. De c.4545 registros en total, los de novela son 261, es decir 5,74%.Ya son suficientemente orientativos estos datos, aunque no les concedamos una exactitud matemática. Pero conviene considerarlo en las distintas librerías para acercarse a la realidad de la proporción de novelas, con respecto al fondo total de la librería.

Por número de registros, téngase presente lo que se dijo al comienzo, tenemos (no tomo en consideración inventarios 4, 6, 7, 8 y los que no tienen novela) (indico número de inventario y%):

De 1 a 3%: 9 (2,02%) 11 (2,04%) 13 (2,41%) 14 (2,70%) 16 (2,19%)
De 3,1 a 5%: 15 (3,61%)
De 5,1 a 8%: 2 (7,63%) 12 (7,27%) 18 (5,55%) 19 (7,33%)
Más de 8%: 3 (14,28%) 5 (8,52%) 17 (33,33%)

Por número de volúmenes:

Menos de 1%: 9 (0,61%) 11 (0,86%) 16 (0,86%)
De 1 a 3%: 15 (1,14%) 5 (1,29% contando todo)
De 3,1 a 7%: 2 (5,24%) 5 (4,09% contando sólo libros)

12 (6,95%) 13 (3,62%) 17 (3,64%) 18 (6,81%)
Más de 7%: 3 (52,97%) 14 (10,12%) 19 (9,91%)

No puede decirse, a la vista de todo esto, que sea importante la presencia de novela en librerías.

Puede afirmarse que, frente a lo que ha retenido la memoria literaria, frente a la imagen construida del pasado, los compradores que se acercaban a las librerías del siglo XVII encontraban una variada oferta de títulos que eran el día a día, pero que no siempre han dejado rastro significativo en la reconstrucción hoy de ese pasado. Es la distancia que va de lo que se vivía en el siglo a lo que el tamiz del tiempo ha seleccionado. Pero es que también en las bibliotecas particulares —como he estudiado[5]— la presencia de novela es muy limitada, reproduciendo lo que ocurre en las librerías, aunque allí entren otras variables (comunicación oral, ausencias en los inventarios, préstamos, etc.), como analizo en su lugar en este libro. No dejaré de decir que en las librerías, además de novela, aparecen otros géneros literarios, como teatro, poesía, pero no en proporción significativa ni importante. La literatura, pues, parece que ocupaba un lugar menor en la oferta de las librerías españolas del siglo XVII, y, como he dicho, en las bibliotecas privadas. Pero no entro, aquí y ahora, en los resbaladizos terrenos de la lectura, como explico y razono en mis estudios citados *(vid.* nota 5). Cabe preguntarse, entonces, por las características y composición del fondo de las librerías.

No he hecho para el caso un estudio comparativo porcentual por materias, pero a la vista de los inventarios utilizados puedo afirmar —algo, por otra parte ya puesto de relieve por varios de los estudiosos citados— que la parte del león se la llevaba el libro religioso (lo mismo que en las bibliotecas particulares), con una gran variedad de géneros: *Imitación de Cristo*, vidas de santos, devocionarios, catecismos, sermonarios, oratorios, libros de horas, *Evangelios,* vida de la Magdalena, oraciones, misales, concilios, pasionarios, rosarios, libros de confesión, etc., con presencia repetida de autores importantes como Santa Teresa, fray

[5] Me refiero a todo esto en mis estudios sobre literatura en bibliotecas recogidos en 7. *Bibliografía citada* y en varios capítulos de este libro; ver notas 1 y 2 del cap. 1. Allí tomo en consideración la bibliografía pertinente, analizo los inventarios de bibliotecas y los problemas que plantean. En un estudio sobre librerías y libros a la venta podría ser pertinente, claro, tratar de lectura y bibliotecas *y* de la ya importante bibliografía sobre ello. No entro en esto aquí, como digo.

Luis de León, fray Luis de Granada, etc. Hay que tener muy presente esto para valorar el peso y alcance de la religión —que conocemos por tantos otros datos históricos— en el horizonte mental y en la construcción del imaginario colectivo de los españoles del XVII.

Dato importante es la aparición de los clásicos latinos en casi todas las librerías: Cicerón, Séneca, Ovidio, Plinio, Salustio, Tito Livio, Terencio, Virgilio... etc., sin que falte una habitual presencia de Aristóteles. Nos pone esto ante un peso de la cultura clásica que ha ido diluyéndose después, pero que parece tener una operatividad importante en el siglo.

Los libros de Historia, Derecho, Política, Medicina..., así como los de carácter práctico (lunarios, calendarios, cartillas, gramáticas, retóricas, formularios de cartas, Aritmética, etc.) tienen también una presencia destacada en los fondos de las librerías. Pero, como dije, interesado aquí, en particular, por la novela, no puedo presentar ahora datos de proporciones. Pero sí puede afirmarse que el fondo de las librerías era rico, múltiple y variado, con una limitada presencia de la novela —y de la literatura en general— en los términos que hemos visto, pero sobre esto he de volver en próximo estudio.

IV. Permanencia de títulos en el periodo estudiado

Todo librero de nuestros días sabe bien la distancia que hay entre el libro fugaz, de corta permanencia en el tiempo, aunque pueda alcanzar grandes ventas en el caso de los *best-sellers,* y el libro que permanece, el llamado libro de fondo. Me tentaba, con los datos que poseo y sus ya mencionadas limitaciones, aplicar este criterio a la novela en librerías españolas del XVII, pues ese testimonio de permanencia en la memoria, en las expectativas de los compradores puede ser importante para la historia de la literatura del periodo. Aunque, claro, el elevado número de ejemplares de una obra también puede ser interpretado como mala venta.

Con la frialdad de los números —y antes de entrar en los títulos— tenemos que de un total de más de sesenta títulos, sólo cuatro aparecen cinco o seis veces a lo largo del periodo estudiado, dos cuatro veces, tres tres veces, dieciséis dos veces y un grueso resto una vez. Pero, claro, es básico y fundamental saber de qué obras se trata para el balance entre lo esperable y lo no esperable, según el canon de excelencia que ha construido la historia de la literatura. De más a menos el balance de permanencia en el tiempo es el que presento a continuación (doy el título de la obra, el número de inventario de la librería —donde puede verse el título completo— y el año correspondiente, para que pueda valorarse esa permanencia en el tiempo).

Con seis apariciones en el periodo estudiado tenemos dos obras: *Arcadia* [2, (1601); 5 (1606); 6 (1607); 7 (1608); 9 (1612) 19 (1648)] y *Guerras de Granada* [2 (1601); 7 (1608); 12 (1619); 13 (1623); 16 (1634); 19 (1648)]. Con cinco: *Guzmán de Alfarache* [2 (1601); 5 (1606); 7 (1608); 16 (1634); 19 (1648)] y *Pastor de Fílida* [2 (1601); 5 (1606); 9 (1612); 16 (1634); 19 (1648)]. Con cuatro: *Celestina* [5 (1606); 6 (1607); 8 (1610); 19 (1648)] y *Quijote:* [3 (1605); 5 (1606); 8 (1610); 13 (1623)]. Con tres: *Florisel* [2 (1601); 5 (1606); 19 (1648)]; *Galatea* [12 (1619); 13 (1623); 19 (1648)]; *Peregrino en su patria* [3 (1605); 5 (1606); 13 (1626)]. El que encontremos en este tramo obras como *Arcadia, Guzmán de Alfarache, Celestina, Quijote, Galatea, Peregrino en su patria* supone una coincidencia con criterios de valoración de la historia de la literatura, pero también encontramos, con 6 y 5 apariciones obras como *Guerras de Granada* y *Pastor de Fílida,* que no tienen esa valoración en el canon de excelencia construido por la memoria literaria, lo que muestra la distancia que puede ir de ayer a hoy, es decir, la obligación de la historia de la literatura de atender también a criterios de recepción para reconstruir, con mayor acuidad y pertinencia, el pasado.

Con dos apariciones encontramos abundante número de novelas de distintos géneros (caballería, picaresca, pastoril, cortesana...): *Amadís de Grecia* [2 (1601); 5 (1606)]; *Belianís* [2 (1601); 5 (1606)]; *Carnestolendas* [18 (1648); 19 (1648)]; *Diana* [5 (1606); 16 (1634)]; *Español Gerardo* [15 (1629); 19 (1648)]; *Experiencias de amor* [16 (1634); 19 (1648)]; *Galateo y Lazarillo castigado* [5 (1606); 13 (1626)]; *Garduña* [18 (1648); 19 (1648)]; *Lazarillo* [2 (1601); 5 (1606)]; *Novelas ejemplares* [11 (1615); 19 (1648)]; *Partinuplés* [14 (1627); 16 (1635)]; *Pastores de Belén* [11 (1615); 12(1619)]; *Pícara Justina* [8 (1610); 19 (1648)]; *Primaleón* [2 (1601); 5 (1606)]; *Selva de aventuras* [5 (1606); 16 (1634)]; *Siglos de Oro* [12 (1619); 19 (1648)]. En este conjunto creo que destaca la reducida presencia de obras importantes como las *Novelas ejemplares,* de Cervantes; *Pastores de* Belén, de çLope de Vega; y naturalmente, *Lazarillo de Tormes,* aunque aquí entran en juego problemas de censura y control en que no puedo detenerme. Excepto en el caso de *Partinuplés* los libros de caballerías se concentran a principios de siglo.

Por fin hay un nutrido grupo de obras que sólo aparecen una vez en el periodo estudiado: *Amadís de Gaula* [2 (1601)]; *Amor con vista* [19 (1648)]; *Auroras de Diana* [19 (1648)]; *Carnestolendas de Castilla* [16 (1634)]; *Cigarrales* [15 (1629)]; *Cintia* [19 (1648)]; *Clamades* [14 (1627)]; *Clara Diana* [2 (1601)]; *Cristalián* [5 (1606)]; *Curial* [19 (1648)]; *Diablo cajuela* [19 (1648)]; *Diana a lo divino* [2 (1601)]; *Espejo de caballerías* [5 (1606)]; *Espejo de caballeros* [2 (1601)]; *Eustorgio* [19 (1648)]; *Febo* [5 (1606)]; *Galateo español* [2 (1601)]; *Hija de Celestina* [16 (1634)]; *Hipólito* [19 (1648)]; *Lisuarte* [2 (1601)]; *Los más fieles* [19 (1648)]; *Marcos de Obregón* [19 (1648)]; *Mesón* [19 (1648)]; *Ninfas de Henares* [5 (1606)]; *Noches de invierno* [16 (1634)]; *Novelas amorosas* [17 (1639)]; *Novela del más desdichado* [19 (1648)]; *Oliveros* [14 (1627)]; *Palmerín* [5 (1606)]; *Para algunos* [19 (1648)]; *Persiles* [19 (1648)]; *Pícaros* [2 (1601)]; *Policisne* [5 (1606)]; *Premio* [19 (1648)]; *Prodigiosa historia* [19 (1648)]; *Reinaldos* [5 (1606)]; *Roberto* [14 (1627)]; *Rogel* [5 (1606)]; *Sagaz Estacio* [15 (1629)]; *Sergas* [2 (1601)]; *Tablante* [14 (1627)]; *Universidad de amor* [19 (1648)]. Destaca el que *Persiles,* en que Cervantes había puesto tanto esfuerzo e ilusión, aparezca una sola vez. También es significativo lo que ocurre con los *Cigarrales* de Tirso de Molina y *El diablo cojuelo* de Vélez de Guevara, aunque en este caso hay que tener en cuenta la fecha de la edición, editor y número de ejemplares *(vid.* Inventario 19). Hay una concentración de libros de caballerías a principios de siglo –aunque encontramos algunos en 1627– y una ausencia a lo largo del periodo estudiado, coherente con lo que veíamos antes. Por otra parte, nos descubren los datos la presencia de la novela pastoril con obras menos consideradas, la poca abundancia de novela picaresca y la concentración de novela cortesana hacia mediados de siglo, según la evolución del gusto literario.

V. Número de ejemplares de novelas

El número de ejemplares de una novela es dato que puede prestarse a distintas interpretaciones, pues tanto puede indicar éxito, en cuanto a expectativas de venta, como lo contrario: ejemplares sin vender. Por otra parte, como se verá, el elevado número de ejemplares en una librería puede deberse a la coincidencia de librero y editor de la obra en la misma persona, a cierto grado de exclusividad, lo que, naturalmente hace cambiar la valoración del dato.

Habría que ponerlo en relación, además, con el número de tirada, para lo que nos faltan datos ciertos y con la fecha de edición, dato éste que no registran los inventarios. Con las salvedades apuntadas me parece significativo que de varias novelas sólo se registre un ejemplar en el periodo estudiado: *Amor con vista; Cristalián; Espejo de caballerías; Lisuarte; Los más fieles; Ninfas del Henares; Palmerín; Persiles; Prodigiosa historia; Reinaldos; Rogel*. Significativamente, la mayor parte son libros de caballerías, aunque aparece novela pastoril y cortesana. De dos a diez, que también es número escaso: *Espejo de caballeros (2), Febo* (2); *Marcos de Obregón* (2), *Noches de invierno* (2); *Policisne* (2); *Sergas* (2); *Selva* (3); *Belianís* (4); *Carnestolendas de Castilla* (4); *Curial* (4); *Diana,* de Montemayor (5); *Oliveros* (5); *Pícara Justina* (5); *Hija de Celestina* (6); *Clara Diana* (7); *Novelas ejemplares* (7); *Siglo de Oro* (7); *Diana a lo divino* (8); *Hipólito* (8); *Para algunos* (8); *Amadís de Gaula* (9); *Pastor de Fílida* (9); *Clamades (10); Pastores de Belén* (10). Significativamente, vuelve a ser importante la presencia de libros de caballerías, pero encontramos otros géneros y obras de menor entidad; por ello cabe destacar el reducido número de ejemplares de obras tan importantes como *Novelas ejemplares* de Cervantes y *Pastores de Belén* de Lope de Vega.

A partir de aquí el orden por número de ejemplares, de más a menos ahora, es el siguiente: *Quijote* (643); *Cintia* (503); *Arcadia* (374); *Auroras* (313); *Diablo* (292); *Eustorgio* (279); *Garduña* (179); *Florísel* (141); *Guzmán* (136); *Carnestolendas* (102); *Primaleón* (182); *Primavera* (82); *Guerras* (77); *Experiencias* (50); *Novela del más desdichado* (50); *Mesón* (42); *Universidad de amor* (40); *Galateo y Lazarillo castigado* (36); *Galateo* (30); *Galatea* (30); *Partinuplés* (36); *Peregrino (27); Tablante* (26); *Novelas amorosas* (25); *Español Gerardo* (21); *Lazarillo* (21); *Amadis de Grecia* (21); *Cigarrales* (20); *Roberto* (20); *Sagaz Estacio* (20); *Celestina* (18); *Premio de la constancia* (17); *Pícaros* (15).

El que el *Quijote* ocupe el primer lugar estaría de acuerdo con la importancia de la obra cervantina, pero hay que tener presente el elevado número de ejemplares (512) en la librería de Francisco Robles (Inventario 13), editor de Cervantes. Esto mismo afecta a las siguientes novelas en orden de número de volúmenes: *La cintia de Aranjuez* (503); *Auroras de Diana* (313); *El diablo cojuelo* (292); *Eustorgio y Clorilene* (279), que sólo aparecen una vez en el periodo y, precisamente, en la librería

[6] Cayuela, 2005, p. 70 y ss.

de su editor, Antonio Pérez de Montalbán[6]. Contando con esto destaca el hecho de que dos obras importantes, como *La Arcadia* de Lope de Vega y el *Guzmán de Alfarache,* de Mateo Alemán, aparezcan con un elevado número de ejemplares y con una repetida presencia a lo largo del periodo, independientemente de que también hiciera ediciones Montalbán (pero algo semejante ocurre con *Guerras de Granada,* de Pérez de Hita, sin que en este caso coincidan memoria literaria e importancia en el siglo). Se acercaría así el canon construido por la historia de la literatura a la «realidad» de las librerías españolas del siglo XVIII. Pero, de nuevo, encontramos un elevado número de ejemplares de obras menores que sólo aparecen en la librería de Montalbán, su editor: *Novela del más desdichado amante* (50); *Mesón del mundo* (42); *Universidad de amor* (40). Incluso de *La Garduña de Sevilla* (179) —que encontramos dos veces— aparecen 177 ejemplares en la librería del editor Montalbán. Algo semejante ocurre con *Carnestolendas de Madrid:* 101 de 102 ejemplares y *Experiencias de amor:* 45 de 50. Todo esto, a la par que relativiza el valor en sí del número de ejemplares, explica el destacado volumen de obras consideradas hoy de menor importancia. Por ello me parece importante destacar novelas que aparecen más de una vez a lo largo del periodo, con elevado número de ejemplares y no asociada su presencia a razones de edición: *Primaleón* (182); *Guerras de Granada* (77); *Galateo* y *Galateo y Lazarillo castigado* (66); *Galatea* (30); *Peregrino en su patria* (27). También las que aparecen una sola vez con importante número de ejemplares: *Florisel* (141); *Partinuplés* (36); *Roberto* (20); y alguna otra por debajo de estas cantidades. Es de destacar que obras como *Lazarillo de Tormes* —aunque ya aludí a los problemas de censura y control—, *Cigarrales de Toledo* o *Celestina,* ésta también con problemas de censura, tengan una presencia reducida en librería.

VI. La reducción de la memoria colectiva

El estudio de los inventarios nos proporciona una lista de más de sesenta títulos de novelas a la venta en el periodo considerado. Comprobamos una presencia de los distintos géneros narrativos (caballerías, pastoril, picaresca, aventuras, cortesana...) y una evolución de los gustos literarios, como ya dije. Pero lo que quiero subrayar es que esta extensa nómina muestra unas marcadas diferencias entre lo que la memoria literaria ha conservado, el canon de las historias de la literatura, y la realidad de las novelas a la venta en las librerías del Siglo de Oro, sin que coincidieran, excepto en alguna ocasión, valor literario «actual» y presencia en las librerías. La diferencia entre lo que hoy es objeto de erudición y conocimiento especializado, por una parte, y lectura y valor admitido, por otra, parece que no coincide con lo que ocurría en el siglo XVII. Estos problemas surgen cuando tenemos en cuenta la recepción, frente a unos supuestos valores literarios atemporales.

Por una parte, estaban presentes en las librerías el *Quijote,* las *Novelas ejemplares,* la *Arcadia,* el *Guzmán de Alfarache,* el *Lazarillo,* la *Celestina,* el *Peregrino en su patria,* la *Galatea,* la *Pícara Justina,* el *Persiles,* las novelas de Zayas..., aunque con las proporciones vistas, lo que coincidiría con las estimativas actuales. Pero, por otra, encontramos una larga lista de novelas, como *Clara Diana, Galateo español, Ninfas del Henares, Sagaz Estacio, Experiencias de amor, Amor con vista, Auroras de Diana, Eustorgio y Clorilene, Mesón del mundo,* etc., que hoy son fundamentalmente objeto de erudición, frente a lo que pudo ser realidad viva en el siglo. Es verdad que el problema no afecta sólo a la novela. Ocurre algo semejante en teatro, pues sabemos que no coinciden las estimativas actuales, el elenco de obras llevadas repetidamente a escena en nuestros días, y la realidad diaria de los corrales de comedias y coliseos en el XVII, con sus éxitos, reposiciones y fracasos. Todavía en poesía las distancias pueden ser mucho mayores, y bastaría sólo acudir al conocido estudio de Rodríguez Moñino[7] (aunque hay una bibliografía sobre el tema en que no entro) para tener constancia de ello. Baste recordar ese mundo de academias, justas, poesía en la calle..., que eran realidad diaria de la vida poética.

Cuando menos, apoya todo esto la obligación del historiador de la literatura de acercarse a la «realidad de verdad» de las obras en su siglo, sin que ello invalide, claro, la licitud de la memoria literaria a la altura de cada momento. Pero no es cosa ya de internarse en este boscaje.

[7] Rodríguez Moñino, 1965

BIBLIOTECA ÁUREA HISPÁNICA
Últimos números publicados

Vol. 50
TAMAYO DE VARGAS, Tomás: *Junta de libros*. Edición crítica de Belén Álvarez García. 2007, 775 p., tapa dura, ISBN 9788484891192

Vol. 51
FINE, Ruth; LÓPEZ NAVIA, Santiago (eds.): *Cervantes y las religiones*. 2008, 824 p., tapa dura, ISBN 9788484893141

Vol. 52
SALVADOR MIGUEL, Nicasio; MOYA GARCÍA, Cristina (eds.): *La literatura en la época de los Reyes Católicos*. 2008, 304 p., tapa dura, ISBN 9788484893561

Vol. 53
FRADEJAS LEBRERO, José (ed.): *Más de mil y un cuentos del Siglo de Oro*. 2008, 609 p., tapa dura, ISBN 9788484893820

Vol. 54
MEYER-MINNEMANN, Klaus; SCHLICKERS, Sabine (eds.): *La novela picaresca. Concepto genérico y evolución del género (siglos XVI y XVII)*. 2008, 608 p., tapa dura, ISBN 9788484894223

Vol. 55
ARMAS, Frederick A. de; GARCÍA SANTO-TOMÁS, Enrique; GARCÍA LORENZO, Luciano (eds.): *Hacia la tragedia áurea. Lecturas para un nuevo milenio*. 2008, 448 p., tapa dura, ISBN 9788484894292

Vol. 56
AREILANO, Ignacio; FINE, Ruth (eds.): *La Biblia en la literatura del Siglo de Oro*. 2010, 484 p., tapa dura, ISBN 9788484894469

Vol. 57
TORRES OLLETA, M. Gabriela: *Redes iconográficas: San Francisco Javier en la cultura visual del Barroco*. 2009, 874 p., tapa dura, ISBN 9788484894537

Vol. 58
GARCÍA SANTO-TOMÁS, Enrique (ed.): *Materia crítica: formas de ocio y de consumo en la cultura áurea*. 2009, 428 p., tapa dura, ISBN 9788484894506

Vol. 59
FARRÉ, Judith (ed.): *Dramaturgia y epectáculo teatral en la época de los Austrias.* 2009, 392 p., tapa dura, ISBN 9788484894490

Vol. 60
MADROÑAL, Abraham: *Humanismo y filología en el Siglo de Oro. En torno a la obra de Bartolomé Jiménez Patón.* Con prólogo de José Antonio Pascual. 2009, 360 p., tapa dura, ISBN 9788484894520

Vol. 61
BLECUA, Alberto; ARELLANO, Ignacio; SERÉS, Guillermo (eds.): *El teatro del Siglo de Oro. Edición e interpretación.* 2009, 490 p., tapa dura, ISBN 9788484894476

Vol. 62
ARELLANO, Ignacio; STROSETZKI, Christoph; WILLIAMSON, Edwin (eds.): *Autoridad y poder en el Siglo de Oro.* 2009, 294 p., tapa dura, ISBN 9788484894704

Vol. 63
ARELLANO, Ignacio; MARTÍNEZ PEREIRA, Ana (eds.): *Emblemática y religión en la Península Ibérica (Siglo de Oro).* 2010, 320 p., tapa dura, ISBN 9788484894742

Vol. 64
RONCERO LÓPEZ, Victoriano: *De bufones y pícaros: la risa en la novela picaresca.* 2010, 328 p., tapa dura, ISBN 9788484895169

Vol. 65
NÚÑEZ RIVERA, Valentín: *Poesía y Biblia en el Siglo de Oro. Estudios sobre los* Salmos *y el* Cantar de los Cantares. 2010, 296 p., tapa dura, ISBN 9788484895312